Schritt

für

Schritt

neu **bearbeitete Auflage**

Ayumi Imaida
Orie Maeda

SANSHUSHA

ドイツ語を話す国々

はじめに

　本書は、はじめてドイツ語を学ぼうとするみなさんが、ドイツ語の基本を無理なく、楽しく学習できるよう工夫した教科書です。ドイツ語のテキストが読めるようになりたい、会話ができるようになりたい、自然なドイツ語の表現を学びたい、そんな要望に応えられるよう工夫が凝らしてあります。

📌 ドイツ語のテキストが無理なく読めるよう、文法項目は「丁寧な表現」を扱う接続法まで網羅していますが、文法説明は丁寧にかつわかりやすくまとめてあります。

📌 学習した知識を確実に身につけられるよう、たくさんの練習問題を用意しました。文法知識だけでなく、いろいろな場面で使える会話形式の練習問題がたくさんあります。

📌 語彙は、学習しているみなさんがドイツ語圏において日常生活で使える単語や熟語を選びました。

📌 さまざまな場面を想定したペアやグループでの会話練習を通して、ドイツ語を話す楽しさが味わえます。

📌 初級学習者のかたから、聴き取りが難しいという声がよく聞かれます。各課にある聴き取り練習で聴解力を養います。

📌 各課にある作文練習は、自分で文を組み立てる力を養います。

　楽しく、かつ一歩一歩（*Schritt für Schritt*）確実にドイツ語を身につけていきましょう。

　2012 年『シュリット・フュア・シュリット』刊行以来、二度目の改訂をさせていただく運びとなりした。その間に、お使いいただいた先生がたからたくさんのご意見、ご提案をいただきました。また学習者のみなさんからもたくさんの示唆を得ることができました。今回、そういったご意見を参考に、より使いやすい教科書を目指し熟慮を重ねてまいりました。新しい『シュリット』で、外国語を学ぶ楽しさを味わっていただけたらと願っております。

　本書の作成にあたり、ドイツ語をチェックしてくださった Momo Mori (Reche) さん、コラムを執筆してくださった吉川美奈子さん、森本智子さんに大変お世話になりました。心より御礼申し上げます。

INHALTSVERZEICHNIS

音声ダウンロード＆ストリーミングサービス（無料）のご案内

https://www.sanshusha.co.jp/onsei/isbn/9784384123067/

本書の音声データは、上記アドレスよりダウンロードおよびストリーミング再生ができます。ぜひご利用ください。

Download

Streaming

アルファベットと発音

Guten Tag!

Das Alphabet

CD1-01
001

A a
[aː] アー
日本語より口を大きく
開けて

Ampel

B b
[beː] ベー

Bus

C c
[tseː] ツェー

CD

D d
[deː] デー

Deutschland

I i
[iː] イー
e よりもさらに口を横に
引っ張って「イー」

Igel

J j
[jɔt] ヨット
語の中で
「ヤ」「ユ」「ヨ」

Japan

K k
[kaː] カー

Kiosk

L l
[ɛl] エル

Laden

Q q
[kuː] クー

Quelle

R r
[ɛr] エル

Rathaus

S s
[ɛs] エス
母音の前でにごる [z]

Sonne

T t
[teː] テー

Tante

X x
[ɪks] イクス

Xylophon

Y y
['ʏpsilɔn] ユプスィロン

Yoga

Z z
[tsɛt] ツェット
にごらない [ts]

Zahn

CD1-02
002 **„Buchstabieren Sie bitte!"**

Ben:　Guten Tag! Ich bin Ben, Ben Adler.

Riko:　Guten Tag! Ich bin Riko, Riko Haruki.

Ben:　Wie bitte? Buchstabieren Sie bitte!

Riko:　R-I-K-O, Riko. H-A-R-U-K-I, Haruki.

Ben:　Alles klar. Freut mich!

Riko:　Freut mich auch!

Freut mich. はじめまして。

E e
[eː] エー
日本語の「エー」より
「イー」に近い

Eltern

F f
[εfː] エフ

Fenster

G g
[geː] ゲー

Gabel

H h
[haː] ハー

Hameln

M m
[εm] エム

Mann

N n
[εn] エン

Name

O o
[oː] オー
唇を丸くとがらせて
「オー」

Onkel

P p
[peː] ペー

Puppe

U u
[uː] ウー
日本語の「ウー」よりもっと
唇を丸めて前に突き出す

Uhr

V v
[fau] ファオ
英語の f

Volk

W w
[veː] ヴェー
英語の v

Wagen

Ä ä
[εː] エー
a の口で「エ」

Märchen

Ö ö
[øː] エー　[œ エ]
o の口で「エ」

Köln

Ü ü
[yː] ユー　[ʏ ユ]
u の口で「イ」

München

ß
[εs-tsεt] エスツェット
にごらない [s]

Fußball

CD1-03 003 **Hören Sie!**

① ドイツ語の略号を聴き取って書きましょう。

1) _____ 　　2) _____ 　　3) _____ 　　4) _____

5) _____ 　　6) _____ 　　7) _____ 　　8) _____

9) _____ 　　10) _____ 　　11) _____ 　　12) _____

② ドイツ語の略号の意味を調べましょう。

7

Die Aussprache 発音のポイント

CD1-04 / 004 発音の原則

原則として

ローマ字と同じように発音する　　Mai [maɪ マイ] 5月
アクセントは**最初の母音（第1母音）**にある

> 名詞の頭文字は常に
> 大文字書きする

| 長く発音 | 後につづく**子音が1つ**（または 0）のとき | Name [náːme ナーメ] 名前 |
| 短く発音 | 後につづく**子音が2つ以上**のとき | kommen [kɔ́mən コンメン] 来る |

CD1-05 / 005 母音

a	[aː ア]	Dame	ご婦人	[a ア]	Mann	男性、夫
e	[eː エー]	Leben	人生	[ɛ エ]	Bett	ベッド
i	[iː イー]	Kino	映画館	[ɪ イ]	Mitte	中央
o	[oː オー]	Foto	写真	[ɔ オ]	oft	しばしば
u	[uː ウー]	gut	良い	[u ウ]	Luft	空気

> 母音＋h
> 母音を長く発音する
> gehen [ゲーエン] 行く
> *h は発音しない

CD1-06 / 006 変母音

ä	[ɛː エー]	Läden	店（複数形）	[ɛ エ]	Hände	手（複数形）
ö	[ø: エー]	Möbel	家具	[œ エ]	können	〜できる
ü	[y: ユー]	müde	疲れた	[ʏ ユ]	Glück	幸運

CD1-07 / 007 二重母音

au	[aʊ アオ]	Auto	自動車、車	Haus	家
ei	[aɪ アイ]	klein	小さい	nein	いいえ
ie	[iː イー]	Liebe	愛	liegen	横たわっている、ある
eu / äu	[ɔʏ オイ]	heute	今日	Bäume	木（複数形）

> ie [iə イエ]
> アクセントがないときは、
> 「イエ」と発音
> Italien [イターリエン]
> イタリア
> Ferien [フェーリエン]
> 休暇

CD1-08 / 008 同じ母音の重複

aa [aː アー] Haar 髪　　**ee** [eː エー] Tee 紅茶　　**oo** [oː オー] Boot ボート

CD1-09 / 009 子音

語末、音節末の –b / -d / -g は**無声**

-b	[p プ]	halb	半分の	gelb	黄色の
-d	[t ト]	Abend	晩	Hund	犬
-g	[k ク]	Tag	日、昼	Flug	フライト、飛行

> -ng は [ŋ ング]
> ただし「グ」は鼻に抜ける
> ような喉の奥の音
> lang 長い　Ring 指輪

ch　　a / o / u / au の後で [x]

「アハハ、オホホ、ウフフ」
と笑うように発音します

a + ch	[ax アハ]	a̲cht	8 (の)	Ba̲ch	小川
o + ch	[ox オホ]	Ko̲ch	コック	no̲ch	まだ
u + ch	[ux ウフ]	Bu̲ch	本	Ku̲chen	ケーキ
au + ch	[aʊx アオホ]	au̲ch	…もまた	Bau̲ch	腹、おなか

ch それ以外は [ç ヒ]

| | | i̲ch | 私は | Mi̲lch | 牛乳 |
| | | China | 中国 | lei̲cht | 軽い、易しい |

| **chs/x** | [ks クス] | Fu̲chs | キツネ | La̲chs | サケ |
| | | Taxi | タクシー | Examen | 試験 |

語末の -ig　[iç イヒ]

| | | fleißig | 勤勉な | Köni̲g | 王、国王 |

j	ヤ行の音	[j ユ]	Jacke	上着	jung	若い
pf	p と f を同時	[pf プフ]	Apfel	りんご	Kopf	頭
qu		[kv クヴ]	Qualität	質	Quatsch	くだらないこと

語末の -r/-er　口を小さく「ア」「アー」と発音

| **-r** | [r ア] | Tür | ドア | wir | 私たちは |
| **-er** | [ər アー] | Mutter | 母 | aber | しかし |

| **s** | s + 母音　（有声）[z] | Sohn | 息子 | lesen | 読む |
| | それ以外で（無声）[s] | Glas | ガラス、グラス | Eis | 氷、アイスクリーム |

語頭の sp-/st- は [ʃ シュ] と発音

| **sp-** | [ʃp シュプ] | sprechen | 話す | Sport | スポーツ |
| **st-** | [ʃt シュト] | Student | 大学生 | studieren | （大学で）勉強する、専攻する |

| **sch** | [ʃ シュ] | Englisch | 英語 | schön | 美しい |
| **tsch** | [tʃ チュ] | Deutsch | ドイツ | tschüs | じゃあね、バイバイ |

短母音のあとは ss、それ以外は ß　にごらない「ス」

| **ss** | [s ス] | essen | 食べる | Kissen | クッション |
| **ß** | [s ス] | groß | 大きい | heißen | …という名前である |

ds/ts/tz/z	[ts ツ]	abends	晩に	rechts	右に
		jetzt	今	Zug	列車
-dt/th	[t ト]	Stadt	町、市、都市	Theater	劇場
ti	[tsi ツィ]	Nation	国民	Lektion	課
v	[f フ]	Vater	父親	viel	多い
w	[v ヴ]	Wagen	自動車	Wein	ワイン

Grüße ドイツ語の挨拶

CD1-10 010 出会ったとき・別れるとき

* スイスなどで Grüezi!
* 北ドイツ、北欧などで Moin!

Hallo!　Guten Morgen!　Guten Tag!　Guten Abend!　Gute Nacht!

Grüß Gott!*　Morgen!　Tag!　Abend!

* 南ドイツ等で

Tschüs!　Bis morgen!

Auf Wiedersehen!　Wiedersehen!

Schönen Tag!　Bis bald!

CD1-11 011 ごきげんいかが？

Hallo!　Hallo, wie geht's?

Danke, <u>gut</u>. Und dir?　<u>Es geht</u>, danke!

Sehr gut.　Gut.　Es geht.　Nicht so gut.　Nicht gut.

ü 下線部を変えてパートナーと会話しましょう。

CD1-12 012 お礼・お詫び

Bitte!

Bitte schön!　Danke!

Danke schön!

Vielen Dank!　Bitte sehr!

Verzeihung!

Entschuldigung!　Kein Problem!

Macht nichts!

Grundzahlen ドイツ語の数詞

CD1-13 / 013

Grundzahlen　ドイツ語の発音に注意して、数字を発音してみましょう。

0	null	10	zehn	20	zwanzig
1	eins	11	elf	21	einundzwanzig
2	zwei	12	zwölf	29	neunundzwanzig
3	drei	13	dreizehn	30	dreißig
4	vier	14	vierzehn	40	vierzig
5	fünf	15	fünfzehn	50	fünfzig
6	sechs	16	sechzehn	60	sechzig
7	sieben	17	siebzehn	70	siebzig
8	acht	18	achtzehn	80	achtzig
9	neun	19	neunzehn	90	neunzig

100	(ein)hundert	1.000	(ein)tausend	10.000	zehntausend
100.000	hunderttausend			1.000.000	eine Million

CD1-14 / 014

Wie ist deine Telefonnummer?

Ben:　Wie ist deine Telefonnummer?

Riko:　Meine Telefonnummer ist **090-1234-5678**. Und wie ist deine?

Ben:　Meine Telefonnummer ist **080-9876-5432**.

Riko:　Alles klar!

> Alles klar!
> 了解、わかったよ、オッケー

 ① パートナーに尋ねてみましょう。
② Studentennummer に変えて練習してみましょう。

CD1-15 / 015

Phrasen 授業で使うフレーズ

 Arbeiten Sie zu zweit / in der Gruppe!

 Sprechen Sie!

 Schreiben Sie!

 Lesen Sie!

 Hören Sie!

 Antworten Sie!

 Fragen Sie!

Jahreszeiten und Monate

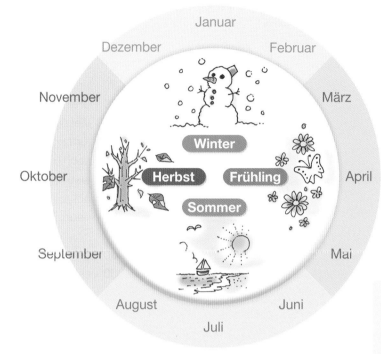

Januar
Dezember　Februar
November　März
Oktober　April
September　Mai
August　Juni
Juli

Winter
Herbst　Frühling
Sommer

im ＋ 季節・月

im Frühling 春に

im April 4月に

Wochentage

Wochenende

| Montag | Dienstag | Mittwoch | Donnerstag | Freitag | Samstag | Sonntag |

Welcher Tag ist heute?

Welcher Tag ist heute?

Heute ist Montag.

「毎〜」

jeden Tag 毎日

jede Woche 毎週

jeden Monat 毎月

jedes Jahr 毎年

am ＋ 曜日

am Montag 月曜日に

am Wochenende 週末に

ü　パートナーに尋ねてみましょう。

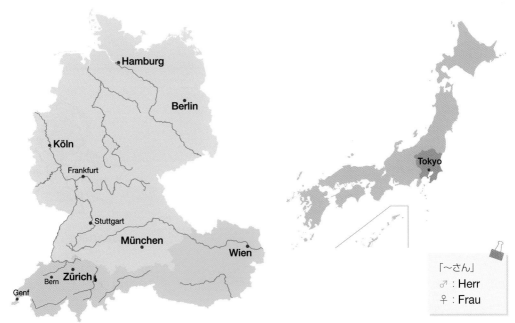

LEKTION 0

「～さん」
♂ : Herr
♀ : Frau

Ben Adler
Student
Deutschland, Berlin
BWL
20

Mia Strauß
Studentin
Österreich, Wien
Psychologie
19

Riko Haruki
Studentin
Japan, Tokyo
Germanistik
21

Hallo, ich heiße Mia.
Wie heißt du?

Ich heiße Ben.

Ich komme aus Österreich.
Und woher kommst du?

Ich komme aus Deutschland.

Wie ist dein Name?
—Mein Name ist Riko Haruki.

ü パートナーと会話しましょう。

13

動詞の人称変化

Ich heiße Ben. Wie heißt du?

1 人称代名詞・不定詞・定動詞

　主語になる人称代名詞には次のような形があります。
動詞の基本となる形は**不定詞**（または**不定形**）と呼ばれ、
語幹と**語尾**（-en/-n）からできています。

不定詞		語幹	+	語尾
lernen	→	**lern**		**en**
学ぶ				

↑……ここが変化します

wande**rn** ハイキングする

主語の人称、数（単数・複数）によって語尾が変化し、この変化した形を**定動詞**（または**定形**）と呼びます。

lern en　　Ich **lerne** jetzt Deutsch.　私はいまドイツ語を学んでいます。

	単数 (sg.)			複数 (pl.)		
	人称代名詞		定動詞	人称代名詞		定動詞
1人称	ich 私は	-e	lerne	wir 私たちは	-en/n	lernen
2人称（親称）	du 君は	-st	lernst	ihr 君たちは	-t	lernt
3人称	er/es/sie 彼は／それは／彼女は	-t	lernt	sie 彼らは、それらは	-en/n	lernen
2人称（敬称）		Sie あなた[方]は	-en/-n	lernen	*単複同形	

↑……大文字

ドイツ語の2人称

親称	敬称
du / ihr 君／君たち	**Sie** あなた、あなた方
・親しい間柄	・初対面
・友人、親子、恋人	・敬語を使う間柄
・学生同士、子供など	

注意が必要な動詞

① 語幹の語尾が -d, -t, -chn, -ffn, -gn などの動詞
（arbeiten, finden など）

　2人称単数 du、3人称単数（er/es/sie）、2人称複数
ihr の語幹と語尾の間に「口調の -e-」を入れます。

　　arbei<u>t</u>en: du arbei<u>t</u>est　　er/ihr arbei<u>t</u>et

② 語幹の語尾が -s, -ss, -ß, -z などの動詞
（reisen, heißen, küssen, tanzen など）

　2人称単数 du の語尾は、-t となります。

　　rei<u>s</u>en: du rei<u>s</u>t

Ü1 次の動詞を現在人称変化させましょう。

	kommen 来る	wohnen 住む	studieren 大学で学ぶ、専攻する	warten 待つ	finden 見つける、思う	heißen ～という名前である	tanzen 踊る
ich	komme						
du				wartest			
er/es/sie						heißt	
wir		wohnen					
ihr			studiert		findet		
sie/Sie							tanzen

2 定動詞の位置・語順

① **平叙文** 定動詞（定形）は**2番目（第2位）**に置きます。＊主語以外が文頭に置かれることもあります。

Er **lernt** jetzt Deutsch.　　彼はいまドイツ語を学んでいます。
Jetzt **lernt** er Deutsch.　　いま彼はドイツ語を学んでいます。
Deutsch **lernt** er jetzt.　　ドイツ語を彼はいま学んでいます。

② **決定疑問文** ja（はい）、nein（いいえ）で答える疑問文は、定動詞を**文頭（第1位）**に置きます。

Lernt er jetzt Deutsch?　　彼はいまドイツ語を学んでいますか？
— Ja, er lernt jetzt Deutsch.　　はい、彼はいまドイツ語を学んでいます。
— Nein, er lernt jetzt Englisch.　　いいえ、彼はいま英語を学んでいます。

③ **補足疑問文** 疑問詞を用いる疑問文は、定動詞を**2番目（第2位）**に、疑問詞を文頭に置きます。

Was **lernt** er jetzt?　　彼はいま何を学んでいますか？
— Er lernt jetzt Deutsch.　　彼はいまドイツ語を学んでいます。

疑問詞			
was	何が、何を	wer	誰が
wann	いつ	wo	どこで
wie	どのように	woher	どこから
warum/wieso	なぜ	wohin	どこへ

Wie heißt du?
Woher kommst du?
Wo wohnst du?
Wohin gehst du?　▶gehen ～行く、歩く
Wer lernt Deutsch?

Ü2 下線を尋ねる適切な疑問詞を空欄に補いましょう。

1) （　　　　　） kommen Sie?　　— Ich komme <u>aus Japan</u>.　▶aus ～から
あなたはどちらのご出身ですか？　　　　私は日本出身です。

2) （　　　　　） studiert Julia?　　— Sie studiert <u>Philosophie</u>.
ユリアは何を専攻していますか？　　　　彼女は哲学を専攻しています。

3) （　　　　　） heißt du?　　— Ich heiße <u>Noah Hartmann</u>.
君の名前は？　　　　　　　　　　ぼくはノア・ハルトマンだよ。

LEKTION 1

15

4) (　　　　　) spielt ihr Fußball?　　　— Morgen spielen wir Fußball.
君たちはいつサッカーをするの？　　　　　　明日 ぼくたちはサッカーをするよ。

5) (　　　　　) reist Herr Schmidt?　　　— Er reist nach Spanien.
シュミットさんはどちらへ旅行されるのですか？　彼はスペインへ旅行します。　　▶nach（地名・国名）～へ、～に

6) (　　　　　) arbeitest du?　　　— Ich arbeite in Stuttgart.
君はどこで働いているの？　　　　　　　ぼくはシュトゥットガルトで働いているよ。　▶in（地名・国名）～で

3　**sein の現在人称変化**

sein（英語 be）「～である」は不規則な変化をします。

sein ～である（英語 be）

ich	**bin**	wir	**sind**
du	**bist**	ihr	**seid**
er/es/sie	**ist**	sie	**sind**
	Sie **sind**		

Ich bin Student. Bist du auch Student?
私は学生です。君も大学生ですか？

— Ja, ich bin auch Student.
はい、私も大学生です。　　▶auch ～も、～もまた

— Nein, ich bin noch Schüler.
いいえ、（私は）まだ生徒です。　　▶noch まだ、なお

Er ist freundlich.
彼は親切です。　　▶freundlich 親切な

ü3 空欄に人称代名詞、下線部に sein を適切な形に変化させて入れましょう。

1) A: ＿＿＿＿＿ (　　　　　) Engländer?　　B: Nein, (　　　　　) ＿＿＿＿＿ Amerikaner.
君たちはイギリス人ですか？　　　　　　　　　いいえ、私たちはアメリカ人です。

2) A: ＿＿＿＿＿ (　　　　　) jetzt in Japan?　　B: Ja, (　　　　　) ＿＿＿＿＿ jetzt in Japan.
あなたはいま日本にいますか？　　　　　　　　はい、私はいま日本にいます。

3) A: ＿＿＿＿＿ (　　　　　) müde?　　B: Ja, (　　　　　) ＿＿＿＿＿ sehr müde.
君は疲れているの？　　　　　　　　　　　　うん、ぼくはとても疲れているんだ。　▶müde 疲れた

4　**否定表現**

否定詞 nicht（英語 not）「～ではない」を用いて否定します。

① **動詞を否定する**　nicht を文末に置きます。

Ich tanze nicht.　　　私は踊りません。
Er kommt heute nicht.　彼は今日来ません。

② **〈sein ＋述語〉を否定する**　nicht を述語の前に置きます。

Sie ist nicht müde.　　　彼女は疲れていません。
Ich bin nicht Student.　　私は学生ではありません。

③ **それ以外**（部分否定など）　nicht を否定したい語の前に置きます。

Er singt nicht gern.　　　彼は歌うのが好きではありません。

CD1-27
027

Ü4 nein で答えましょう。

1) A: Verstehst du?　　　　　B: Nein, _____
　　(君は)わかる？　　　　　　　　いいえ、(ぼくは)わかりません。　▶verstehen 理解する

2) A: Kommt ihr heute?　　　　B: Nein, _____
　　君たちは今日来るの？　　　　　　いいえ、私たちは今日行きません。

3) A: Ist sie freundlich?　　　　B: Nein, _____
　　彼女は親切ですか？　　　　　　　いいえ、彼女は親切ではありません。

4) A: Schwimmst du gern?　　　B: Nein, _____
　　君は泳ぐのが好き？　　　　　　　いいえ、ぼくは泳ぐのが好きじゃない。　▶schwimmen 泳ぐ

---

gern（副詞）よろこんで（〜する）、好んで

Sie spielt gern Klavier.　彼女はピアノを弾くのが好きだ。
Gern!/Gerne!　　　　　　よろこんで！
Gern geschehen!　　　　　（お礼に対して）どういたしまして！

CD1-28
028

並列の接続詞

語と語、句と句、文と文を対等の関係で結びつける接続詞を**並列の接続詞**といいます。
並列の接続詞は**語順に影響を与えません**。

> und そして　　aber しかし　　oder あるいは　　denn というのは
> (nicht ...), sondern （…ではなく）〜である

Ich wohne in Nagoya.　　　　　Ben wohnt in Berlin.
私は名古屋に住んでいます。　　　　ベンはベルリンに住んでいます。

Ich wohne in Nagoya　　und　　Ben wohnt in Berlin.
私は名古屋に住んでいます、　そして　ベンはベルリンに住んでいます。

Fynn liebt Lena, aber sie liebt Paul.　フィンはレーナのことを愛しているが、彼女はパウルを愛しています。

Klaus kommt heute nicht, denn er ist krank.　クラウスは今日来ません、というのは彼は病気だからです。

Ich komme nicht aus Deutschland, sondern aus Österreich.
私はドイツではなくてオーストリアの出身です。

Frau Schmidt kommt heute oder morgen.　シュミットさんは今日か（あるいは）明日来ます。

CD1-29
029

Ü5 （　　）に適切な接続詞を入れましょう。

1) Ich bin Student, (　　　　　　) er ist noch Schüler.
　　私は学生です、しかし彼はまだ生徒です。

2) Er kommt nicht heute, (　　　　　　) morgen.
　　彼は今日ではなくて、明日来ます。

3) Sie studiert Jura (　　　　　　) er studiert Informatik.
　　彼女は法学を専攻しています、そして彼は情報学を専攻しています。

CD1-30 030 **1** ( ) に主語を、下線部に定動詞を入れて文を作りましょう。

1) 彼は紅茶を飲みます。　　　　　　　　　　　　　　trinken

　　(　　　　　　　) ＿＿＿＿＿＿＿ Tee.

2) 彼女はボンに住んでいます。　　　　　　　　　　　wohnen

　　(　　　　　　　) ＿＿＿＿＿＿＿ in Bonn.　▶in ～に / で

3) 私はヘディスをします。　　　　　　　　　　　　　spielen

　　(　　　　　　　) ＿＿＿＿＿＿＿ Headis.

4) 私たちは大学でドイツ文学を専攻しています。　　　studieren

　　(　　　　　　　) ＿＿＿＿＿＿＿ Germanistik.

▶ドイツ発祥のヘディング卓球

5) シュミットさん (Herr Schmidt) はゆっくり歩きます。　gehen

　　(　　　　　　　) ＿＿＿＿＿＿＿ langsam.

6) クラインさん (Frau Klein) ハンブルクで働いています。　arbeiten

　　(　　　　　　　) ＿＿＿＿＿＿＿ in Hamburg.

7) ユリア (Julia) はいま音楽を聴いている。　　　　　hören

　　(　　　　　　　) ＿＿＿＿＿＿＿ jetzt Musik.

8) マイヤー夫妻は (Herr und Frau Mayer) はベルリン出身です。　kommen

　　(　　　　　　　　　　) ＿＿＿＿＿＿＿ aus Berlin.　▶aus ～から

9) 彼の名前はルカです。　　　　　　　　　　　　　　heißen

　　(　　　　　　　) ＿＿＿＿＿＿＿ Luka.

10) 彼女はボンに旅行します。　　　　　　　　　　　reisen

　　(　　　　　　　) ＿＿＿＿＿＿＿ nach Bonn.

CD1-31 031 **2** ( ) に主語を、下線部に定動詞を入れて疑問文を作りましょう。

1) 君は卓球をするの？　　　　　　　　　　　　　　spielen

　　＿＿＿＿＿＿＿ (　　　　　　　) Tischtennis?

2) どちらのご出身ですか？　　　　　　　　　　　　kommen

　　Woher ＿＿＿＿＿＿＿ (　　　　　　)?

3) 彼女はノアを愛しているの？　　　　　　　　　　lieben

　　＿＿＿＿＿＿＿ (　　　　　　) Noah?

4) 君はなんという名前なの？　　　　　　　　　　　heißen

　　Wie ＿＿＿＿＿＿＿ (　　　　　　)?

5) 彼女はバイオリンを演奏しますか？　　　　　　　spielen

　　＿＿＿＿＿＿＿ (　　　　　　) Geige?

6) 君たちはどこに住んでいるの？　　　　　　　　　　wohnen

　　Wo ＿＿＿＿＿＿＿（　　　　　　　　）?

7) 彼は大学で法学を専攻しているの？　　　　　　　　studieren

　　＿＿＿＿＿＿＿（　　　　　　　）Jura?

8) 彼はいつアルバイトしているの？　　　　　　　　　jobben

　　Wann ＿＿＿＿＿＿＿（　　　　　　　）?

9) 君たちは歌うのが好き？　　　　　　　　　　　　　singen

　　＿＿＿＿＿＿＿（　　　　　　　）gern?

10) 君はいま何をしているの？　　　　　　　　　　　　machen

　　Was ＿＿＿＿＿＿＿（　　　　　　）jetzt?

11) 君は踊るのが上手いの？　　　　　　　　　　　　　tanzen

　　＿＿＿＿＿＿＿（　　　　　　　）gut?

12) 料理をするのが好きなのは誰ですか？（3人称単数で）　kochen

　　Wer ＿＿＿＿＿＿＿ gern?

13) アンナ（Anna）はライプツィヒに旅行に行くの？　reisen

　　＿＿＿＿＿＿＿（　　　　　　　）nach Leipzig?

14) 君はなぜ英語を学ぶの？　　　　　　　　　　　　　lernen

　　Warum ＿＿＿＿＿＿＿（　　　　　　　）Englisch?

15) シュミットさん（Herr Schmidt）は（飛行機で）どこに行くのですか？　fliegen

　　Wohin ＿＿＿＿＿＿＿（　　　　　　　）?

CD1-32
032　**3**　適切な疑問詞を選び、下線部を尋ねる疑問文を作りましょう。

　　wo　woher　was　wann　wohin　wie

Beispiel　A: **Wer kommt morgen?**　　　　B: <u>Frau Müller</u> kommt morgen.
　　　　　　誰が明日来ますか？　　　　　　　　　　ミュラーさんが明日来ます。

1) A: ＿＿＿＿＿＿＿＿＿＿＿＿＿　　B: Ich heiße <u>Emilia</u>.

2) A: ＿＿＿＿＿＿＿＿＿＿＿＿＿　　B: Julian studiert <u>Technik</u>.

3) A: ＿＿＿＿＿＿＿＿＿＿＿＿＿　　B: Laura und Theo kommen <u>aus Salzburg</u>.

4) A: ＿＿＿＿＿＿＿＿＿＿＿＿＿　　B: Sie geht <u>nach Freiburg</u>.

5) A: ＿＿＿＿＿＿＿＿＿＿＿＿＿　　B: Sie kommen <u>heute</u>.

6) A: ＿＿＿＿＿＿＿＿＿＿＿＿＿　　B: Wir wohnen <u>in Düsseldorf</u>.

4 与えられた語を使って、必要ならば変化させて作文しましょう。

1) in Bern / Max / ~~jetzt~~ / wohnen　　　　いまマックスはベルンに住んでいます。

   Jetzt _____

2) studieren / Geisteswissenschaften / du　　君は人文科学を専攻しているの？

   _____

3) arbeiten / wo / Herr Weber　　　　　ヴェーバーさんはどこで働いていますか？

   _____

4) reisen / wohin / du　　　　　　　　　君はどこへ旅行するの？

   _____

5) sehr müde / wir / sein　　　　　　　ぼくたちはとても疲れています。

   _____

6) kommen / aus Bremen / Frau Steiner　　シュタイナーさんはブレーメンの出身です。

   _____

職業

Beruf	♂	♀
学生	Student	Studentin
生徒	Schüler	Schülerin
教師	Lehrer	Lehrerin
医者	Arzt	Ärztin
警察官	Polizist	Polizistin
公務員	Beamter*	Beamtin
会社員	Angestellter*	Angestellte*

国・国籍

Länder		♂	♀
●	Japan	Japaner	Japanerin
	Korea	Koreaner	Koreanerin
	China	Chinese	Chinesin
	Deutschland	Deutscher*	Deutsche*
	Österreich	Österreicher	Österreicherin
✚	die Schweiz	Schweizer	Schweizerin
	Frankreich	Franzose	Französin
	Italien	Italiener	Italienerin
	England	Engländer	Engländerin
	Amerika	Amerikaner	Amerikanerin

Studienfächer 専攻

Literaturwissenschaft 文学	Psychologie 心理学	Pflegewissenschaft 看護学
Sprachwissenschaft 言語学	Soziologie 社会学	Umweltwissenschaften 環境学
Geisteswissenschaften 人文科学	Informatik 情報学	Medizin 医学
Naturwissenschaften 自然科学	Kunst 芸術・美術	Pharmazie 薬学
Pädagogik 教育学	Musik 音楽	Technik 工学
Jura 法学	BWL (Betriebswirtschaftslehre) 経営学	Mathematik 数学
Philosophie 哲学	Wirtschaftswissenschaften 経済学	Physik 物理学
Geschichte 歴史	Agrarwissenschaften 農学	Chemie 化学

Hören und Sprechen

♣ Auf dem Campus

CD1-37 037 **1** 音声を聴いて、下線部に動詞を書き入れましょう。

B: Ben　R: Riko

B: Hallo, ich _____ Ben, Ben Adler.

　　Und wie _____ du?

R: Hallo, ich _____ Riko, Riko Haruki. Freut mich!

B: Freut mich auch!

CD1-38 038 R: Ich _____ aus Japan, aus Tokyo.

　　Und du? Woher _____ du?

B: Ich _____ aus Berlin. _____ du auch Studentin?

R: Ja, ich _____ Germanistik. Was _____ du?

B: Ich _____ BWL.

CD1-39 039 **2** ①の会話を参考にして、パートナーに尋ねてみましょう。

Wie heißt du?　　　　　　　_____

Woher kommst du?　　　　 _____

Wo wohnst du?　　　　　　 _____

Bist du Student/Studentin?　_____

Was studierst du?　　　　　 _____

Wie alt bist du?　　　　　　 _____

	Sie	Partner/in
Vorname	Ben	
Familienname	Adler	
Herkunft	Berlin	
Wohnort	München	
Beruf	Student	
Studienfach	BWL	
Alter	20	

Alter（年齢）

Wie alt bist du?　君は何歳なの？

Ich bin 19 Jahre alt.　私は19歳だよ。

▶ wie alt（英語 how old）何歳

▶ ... Jahre alt sein（英語 years old）…歳である

Beruf（職業）

Was sind Sie von Beruf?　あなたのご職業は何ですか？

Ich bin Angestellter (von Beruf).　私は会社員です。

▶ von Beruf sein 〜の職業である

名詞の性・格（1格と4格）

Was hast du im Rucksack?

1 名詞の性と冠詞

ドイツ語の単数名詞には、人や生きものだけでなく、物や事を表す名詞にも**男性**、中性、**女性**という**文法上の性**の区別があり、それに応じて冠詞の形が異なります。また、名詞は文中のどこにあっても大文字で始まります。

男性名詞	中性名詞	女性名詞	
ein	ein	eine	◀······英語の *a (an)*

der	das	die	◀······英語の *the*

不定冠詞（英語 *a/an*「ひとつの〜」「ある〜」）特定できないひとつのもの

    ein Kugelschreiber   ein Buch   eine Brille

定冠詞（英語 *the*「この〜」「その〜」）特定できるもの

    der Kugelschreiber   das Buch   die Brille

人称代名詞

    er（der Kugelschreiber）   es（das Buch）   sie（die Brille）

人だけでなく、物もそれぞれの性に応じた人称代名詞で表すことができます。

CD1-40 040 **Ü1-1** 名詞の性を調べ、性に応じた不定冠詞（男性 ein/ 中性 ein/ 女性 eine）を入れましょう。

1) ____ Laptop   2) ____ Ordner   3) ____ Tasche   4) ____ Wörterbuch   5) ____ Armbanduhr
  （性：　　）   （性：　　）   （性：　　）   （性：　　）   （性：　　）

6) ____ Rucksack   7) ____ Schere   8) ____ Heft   9) ____ Smartphone   10) ____ Radiergummi
  （性：　　）   （性：　　）   （性：　　）   （性：　　）   （性：　　）

CD1-41 041 **Ü1-2** Ü1-1 を参考に例のように答えましょう。

Beispiel   A: Nummer **1**. Was ist das?   B: Das ist ein Laptop.

1   **2**   **3**    **4**   **5**

6   **7**   **8**   **9**   **10**

2 ## 格変化（1格と4格）

　文中における名詞と冠詞（不定冠詞 ein/ein/eine、定冠詞 der/das/die）の役割（主語、目的語など）を格といい、その格を表すために語形が変化することを**格変化**といいます。

　人称代名詞も冠詞と同様に格変化します（参照 L.3）。

① **主語を表す格**　**1格（主格）**といい、日本語の「は / が」にあたります。

> Was ist **das**?
> これは何ですか？

das は定冠詞ではなく、
「これ・それ」を表す指示代名詞、
性・数に関係なく用いる。

> **Das** ist ｜ ein Kugelschreiber.
> ｜ ein Buch.
> ｜ eine Brille.
> これは（一本の）ボールペン／本／めがねです。

> Ist ｜ der Kugelschreiber ｜ neu?
> das Buch
> die Brille
> このボールペン／本／めがねは新しい？

> Ja, ｜ er ｜ ist neu.
> ｜ es ｜
> ｜ sie ｜
> うん、それ（ボールペン／本／めがね）は新しいよ。

1格 (は / が)

	男性	中性	女性	複数
不定冠詞 (*a*)	ein	ein	eine	—
定冠詞 (*the*)	der	das	die	die
人称代名詞	er	es	sie	sie

Die Hefte sind praktisch.
このノート（複数形）は実用的です。

名詞の複数形には男性・中性・女性の区別
はなく複数形の定冠詞は **die** です。

不定冠詞の格変化

	男性		中性		女性	
1格 (は・が)	ein	Mann	ein	Kind	eine	Frau
2格 (の)	ein**es**	Mann[e]s	ein**es**	Kind[e]s	ein**er**	Frau
3格 (に)	ein**em**	Mann	ein**em**	Kind	ein**er**	Frau
4格 (を)	ein**en**	Mann	ein	Kind	eine	Frau

定冠詞の格変化

	男性		中性		女性		複数形	
1格 (は・が)	der	Mann	das	Kind	die	Frau	die	Kinder
2格 (の)	des	Mann[e]s	des	Kind[e]s	der	Frau	der	Kinder
3格 (に)	dem	Mann	dem	Kind	der	Frau	den	Kinder**n**
4格 (を)	den	Mann	das	Kind	die	Frau	die	Kinder

Der Mann ist Lehrer.　　　　　その男性は教師です。
Das ist die Brille des Mannes.　これはその男性のめがねです。
Ich danke dem Mann.　　　　　私はその男性に感謝しています。
Sie liebt den Mann.　　　　　　彼女はその男性を愛しています。

② 主に直接目的語を表す格　4格（直接目的格）といい、日本語の「を」にあたります。

Was suchen Sie?
何をお探しですか？

Ich suche | einen Kugelschreiber.
ein Notizbuch.
eine Brille.
私はボールペン／手帳／めがねを探しています。

Wie finden Sie | den Kugelschreiber?
das Notizbuch?
die Brille?
このボールペン／手帳／めがねはいかがですか？
　　　　　　　　（〜をどう思いますか？）

Ich finde | ihn | super.
es
sie
それ（ボールペン／手帳／めがね）は
とてもいいですね。
（〜をとてもいいと思う）

▶ Wie finden Sie 〜⁴？　　〜⁴をどう思いますか？

4格（を）

	男性	中性	女性	複数形
不定冠詞（a）	einen	ein	eine	―
定冠詞（the）	den	das	die	die
人称代名詞	ihn	es	sie	sie

Ich finde **die** Hefte gut.
ぼくはこのノート（複数形）をいいと思う。

1格と4格で冠詞の形が異なるのは
男性名詞だけです。

CD1-42
042 **Ü2** 冠詞の語尾を補いましょう。

男性名詞 *r*　中性名詞 *s*　女性名詞 *e*

Beispiel　　A: Ich suche <u>eine</u> Sonnenbrille.　B: Wie finden Sie <u>die</u> Sonnenbrille?
私はサングラスを探しています。　　　　（あなたは）このサングラスをどう思いますか（いかがですか）？

1) A: Ich suche e＿＿＿ Rucksack. (*r*)　　　B: Wie finden Sie d＿＿＿ Rucksack?

2) A: Ich suche e＿＿＿ Heft. (*s*)　　　　　B: Wie finden Sie d＿＿＿ Heft?

3) A: Ich suche e＿＿＿ Digitalkamera. (*e*)　B: Wie finden Sie d＿＿＿ Digitalkamera?

4) A: Ich suche e＿＿＿ Schirm. (*r*)　　　　B: Wie finden Sie d＿＿＿ Schirm?

人称代名詞

	男性	中性	女性	複数
1格（は・が）	er	es	sie	sie
4格（を）	ihn			

1格

Er (der Mann) ist nett.
彼（その男性）は親切です。

Es (das Taschentuch) ist hübsch.
それ（そのハンカチ）はかわいい。

Sie (die Wasserflasche) ist nicht teuer.
それ（その水筒）は高くない。

Sie (die Farbstifte) sind praktisch.
それ（その色鉛筆）は便利だ。

4格

Ich kenne ihn (den Mann).
私は彼（その男性）を知っています。

Ich kaufe es (das Taschentuch).
私はそれ（そのハンカチ）を買う。

Ich finde sie (die Wasserflasche) gut.
私はそれ（その水筒）をいいと思う。

Ich kaufe sie (die Farbstifte).
私はそれ（その色鉛筆）を買う。

3　haben（〜を持っている）

動詞 haben（英語 *have*）は不規則な変化をします。

haben 〜を持っている（英語 *have*）

ich	habe	wir	haben
du	**hast**	ihr	habt
er/es/sie	**hat**	sie	haben
	Sie	haben	

A: **Hast du** einen Radiergummi?
（君は）消しゴムを持ってる？

B1: **Ja, hier.**　ほら、ここに。

B2: **Nein, ich habe** keinen Radiergummi.
いや、（ぼくは消しゴムを）持ってないよ。

LEKTION 2

kein（ひとつも）ない（参照 S.51）

不定冠詞を伴う名詞、あるいは**無冠詞の名詞を否定**するときは **kein** を用います。
kein は不定冠詞と同じ語尾変化をします。

A: **Ist das** ein Kugelschreiber?

B: **Nein, das ist** kein Kugelschreiber.　**Das ist** ein Druckbleistift.
いや、これはボールペンじゃないよ。　（これは）シャープペンだよ。

	男性	中性	女性	複数
1格（は・が）	kein　　Laptop	kein Heft	keine Brille	keine Hefte
4格（を）	keinen　Laptop			

1格（は / が）

Das ist　kein Laptop.

Das ist　kein Heft.

Das ist　keine Brille.

4格（を）

Ich habe　keinen Laptop.

Ich habe　kein Heft.

Ich habe　keine Brille.

CD1-43 / 043　**Ü3**　下線部に haben を人称変化させて入れましょう。

1) A: _____ du einen Schirm?　　　　　　B: Nein, ich _____ keinen Schirm.

2) A: _____ ihr ein Wörterbuch?　　　　　B: Ja, wir _____ ein Wörterbuch.

3) A: _____ Riko eine Lupe?　　　　　　　B: Nein, sie _____ keine Lupe.

4) A: _____ Herr und Frau Schneider ein Auto?　B: Ja, sie _____ ein Auto.

CD1-44 / 044

 否定の疑問文に対して肯定する場合、ja ではなく **doch** を用います。

A: **Haben Sie** einen Stadtplan?　　　　　（あなたは）地図をお持ちですか？

B: **Ja, ich habe** einen Stadtplan.　　　　はい、（地図を）持っています。

B: **Nein, ich habe** keinen Stadtplan.　　いいえ、（地図を）持っていません。

A: **Haben Sie** keinen Stadtplan?　　　　（あなたは）地図をお持ちではないのですか？

B: **Doch, ich habe** einen Stadtplan.　　いいえ、（地図を）持っています。

B: **Nein, ich habe** keinen Stadtplan.　　はい、（地図を）持っていません。

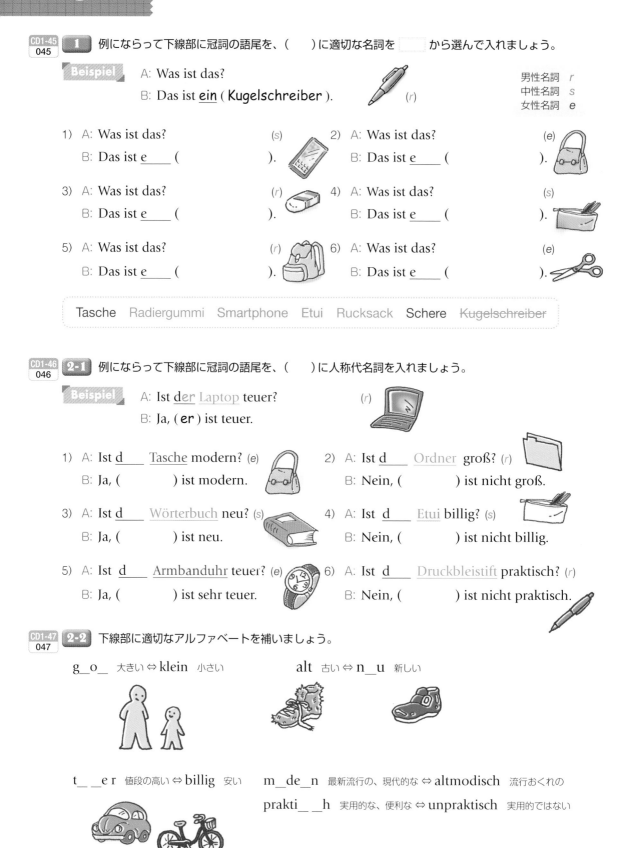

CD1-45 045 **1** 例にならって下線部に冠詞の語尾を、（　）に適切な名詞を [　] から選んで入れましょう。

Beispiel　A: Was ist das?

B: Das ist **ein** (**Kugelschreiber**). (r)

男性名詞　r
中性名詞　s
女性名詞　e

1) A: Was ist das? (s)
   B: Das ist e____ ( ).

2) A: Was ist das? (e)
   B: Das ist e____ ( ).

3) A: Was ist das? (r)
   B: Das ist e____ ( ).

4) A: Was ist das? (s)
   B: Das ist e____ ( ).

5) A: Was ist das? (r)
   B: Das ist e____ ( ).

6) A: Was ist das? (e)
   B: Das ist e____ ( ).

Tasche　Radiergummi　Smartphone　Etui　Rucksack　Schere　~~Kugelschreiber~~

CD1-46 046 **2-1** 例にならって下線部に冠詞の語尾を、（　）に人称代名詞を入れましょう。

Beispiel　A: Ist d**er** Laptop teuer? (r)

B: Ja, (**er**) ist teuer.

1) A: Ist d____ Tasche modern? (e)
   B: Ja, (　　) ist modern.

2) A: Ist d____ Ordner groß? (r)
   B: Nein, (　　) ist nicht groß.

3) A: Ist d____ Wörterbuch neu? (s)
   B: Ja, (　　) ist neu.

4) A: Ist d____ Etui billig? (s)
   B: Nein, (　　) ist nicht billig.

5) A: Ist d____ Armbanduhr teuer? (e)
   B: Ja, (　　) ist sehr teuer.

6) A: Ist d____ Druckbleistift praktisch? (r)
   B: Nein, (　　) ist nicht praktisch.

CD1-47 047 **2-2** 下線部に適切なアルファベットを補いましょう。

g_o__ 大きい ⇔ klein 小さい　　　　alt 古い ⇔ n__u 新しい

t__ __e r 値段の高い ⇔ billig 安い　　m_de_n 最新流行の、現代的な ⇔ altmodisch 流行おくれの

prakti__ __h 実用的な、便利な ⇔ unpraktisch 実用的ではない

3 例にならって答えましょう。

Beispiel
r Druckbleistift

A: Was suchen Sie?
（あなたは）何をお探しですか？

B: **Ich suche einen** Druckbleistift.
私はシャープペン (r) を探しています。

1) A: Was suchst du?

   B: _____ Heft (s)

2) A: Was sucht Frau Fischer?

   B: _____ Laptop (r)

3) A: Was suchen Elias und Jonas?

   B: _____ Schere (e)

4) A: Was sucht ihr?

   B: _____ Wörterbuch (s)

4 例にならって会話を完成させましょう。

Beispiel

A: Ich suche **einen** Rucksack.
（私は）リュックサック (r) を探しています。

B: Wie finden Sie **den** Rucksack?
このリュックサックはいかがですか？
（〜をどう思いますか？）

1) Tasche (e)

   A: Ich suche e____ _____.

   B: Wie finden Sie d____ _____?

2) Notizbuch (s)

   A: Ich suche e____ _____.

   B: Wie finden Sie d____ _____?

3) Radiergummi (r)

   A: Ich suche e____ _____.

   B: Wie finden Sie d____ _____?

4) Druckbleistift (r)

   A: Ich suche e____ _____.

   B: Wie finden Sie d____ _____?

5) Sonnenbrille (e)

   A: Ich suche e____ _____.

   B: Wie finden Sie d____ _____?

6) Portemonnaie (s)

   A: Ich suche e____ _____.

   B: Wie finden Sie d____ _____?

5 例にならって（　）には haben、下線部には不定冠詞 ein あるいは否定冠詞 kein を正しい形にして入れましょう。

Beispiel

A: (**Hast**) du **einen** Bleistift? (r)

B: Ja, ich (**habe**) **einen** Bleistift.

B: Nein, ich (**habe**) **keinen** Bleistift.

1) A: (　　) Sie _____ Lineal? (s)

   B: Ja, ich (　　) _____ Lineal.

2) A: (　　) ihr _____ Schirm? (r)

   B: Nein, wir (　　) _____ Schirm.

3) A: (　　) er _____ Schere? (e)

   B: Nein, er (　　) _____ Schere.

4) A: (　　) Anika _____ iPad? (s)

   B: Nein, sie (　　) _____ iPad.

5) A: (　　) du _____ Lupe? (e)

   B: Nein, ich (　　) _____ Lupe.

6) A: (　　) Oliver und Marion _____ Ordner? (r)

   B: Nein, sie (　　) _____ Ordner.

6 （　）に ja, nein, doch から正しいものを選んで入れましょう。

1) A: Hat er eine Brille? (e)　　　　2) A: Haben Sie einen Schirm? (r)

　 B: (　　　　), er hat eine Brille.　　　 B: (　　　　), ich habe keinen Schirm.

3) A: Hat Luca kein Lehrbuch? (s)　　4) A: Bist du nicht müde?

　 B: (　　　　), er hat ein Lehrbuch.　　 B: (　　　　), ich bin sehr müde.

5) A: Hast du Zeit? (e)　　　　　　6) A: Habt ihr kein Kleingeld? (s)

　 B: (　　　　), ich habe keine Zeit.　　 B: (　　　　), wir haben Kleingeld.

　 ▶e Zeit 時間　　　　　　　　　　 ▶s Kleingeld 小銭

7 与えられた語を使って、必要ならば変化させて作文しましょう。

1) sein / das / was　これは何ですか?　　sein / das / ein Etui (s)　これはペンケースだよ。

　 _____　_____

2) sein / teuer / das Etui　そのペンケースは高い?

　 _____

　 sein / es (das Etui) / sehr billig　いや、これ (ペンケース) はとても安いよ。

　 Nein, _____

3) suchen / eine Sonnenbrille (e) / ich　私はサングラスを探しています (お店で)。

　 _____

　 finden / die Sonnenbrille (e) / Sie / wie　このサングラスはいかがですか (をどう思いますか)?

　 _____

4) haben / ein Radiergummi (r) / du　君は消しゴムを持ってる?

　 _____

　 haben / kein Radiergummi (r) / ich　いや、ぼくは (消しゴムを) 持ってないよ。

　 Nein, _____

5) Hunger (無冠詞で) / haben / ihr　君たちはおなかが減ってる?　▶r Hunger 空腹

　 _____

　 haben / kein Hunger (r) / wir　いや、減ってないよ。

　 Nein, _____

Hören und Sprechen

CD1-53 053
~
CD1-55 055

1 誰が持っていますか、音声（1〜3）を聴いてチェックしましょう。

Wer hat was?

	Ben	Riko	Mia	Partner/in
r Kugelschreiber	☐	☐	☐	☐
s Wörterbuch	☐	☐	☐	☐
s Heft	☐	☐	☐	☐
e Schere	☐	☐	☐	☐
r Druckbleistift	☐	☐	☐	☐

CD1-56 056

パートナーと聴き取れた内容を確認しましょう。

A: Hat Ben eine Schere?　　B: Ja, er hat eine Schere.

B: Nein, er hat keine Schere.

A: Was hat Ben?　　B: Er hat eine Schere.

CD1-57 057

「何を持っていますか」パートナーにも尋ねましょう。

A: Hast du einen Laptop?

B: Ja, ich habe einen Laptop.

B: Nein, ich habe keinen Laptop.

> こんな尋ねかたもできますね。
> Hast du keinen Laptop?
> —Doch, ich habe einen Laptop.
> —Nein, ich habe keinen Laptop.

CD1-58 058

2 音声を聴いて、下線部に適切な語を入れましょう。

R: Riko　B: Ben

R: Zeig mal, Ben! Was _____ du denn im Rucksack?

B: Im Rucksack _____ ich einen _____, ein Etui und ein Portemonnaie.

Und du, Riko, was _____ du in der Tasche? Die Tasche ist aber sehr _____.

R: Ich habe ein _____, ein Smartphone und _____ Lehrbücher.

denn いったい　Lehrbücher (Lehrbuch 教科書の複数形　参照 S.30)

CD1-59 059

あなたはリュックサック / バッグの中に何を持っていますか、Dialog を参考にパートナーと会話しましょう。

r Schirm　　　　s Taschentuch　　　　s Portemonnaie　　　e Wasserflasche

e DVD　　　s Lehrbuch　　　r Schlüssel　　　r/s Manga

名詞の複数形

名詞の複数形（Plural）は単数形（Singular）をもとに作られ、次の5つのタイプに分けられます。
複数形につく冠詞は、単数形の性には関係なく **die** です（参照 S.23）。

	単数 (*sg.*)	複数 (*pl.*)	
無語尾型	Kugelschreiber Vater	Kugelschreiber Väter	男性・中性に多い
E 型	Heft Rock	Hefte Röcke	男性（1音節）に多い
ER 型	Kind Wörterbuch	Kinder Wörterbücher	中性（1音節）に多い
(E) N 型	Uhr	Uhren	女性名詞に多い
S 型	Auto	Autos	英仏系の外来語に多い

Ü1 表を完成させましょう。

	無語尾型 － / ￢	E 型 － e / ￢ e	ER 型 － er / ￢ er	(E) N 型 － (e) n	S 型 － s
単数 (*sg.*)	Fernseher	Heft	Bild	Brille	Auto
複数 (*pl.*)	_____	_____	_____	_____	_____
単数 (*sg.*)	Bruder	_____	_____	Uhr	_____
複数 (*pl.*)	_____	Rucksäcke	Länder	_____	Laptops

Ü2 例にならって質問に答えましょう。

> **Beispiel**　　A: Wie viele <u>Hefte</u> hast du?　君は何冊ノートを持ってる？
> 　　　　　　　　B: Ich habe (drei) <u>Hefte</u>.　　　*s* Heft
>
> 　　　　　wie viel(e) の形で (= how many/much)

辞書の見方
Rock [rɔk] 男 [単² -[e]s /
複 ¹·²·⁴ Röcke 複³ Röcken]

1) A: Wie viel(e) _____ hast du?　　　*e* Uhr
   B: Ich habe (　　　　) _____.

2) A: Wie viel(e) _____ hast du?　　　*r* Fernseher
   B: Ich habe (　　　　) _____.

3) A: Wie viel(e) _____ hast du?　　　*s* Wörterbuch
   B: Ich habe (　　　　) _____.

4) A: Wie viel(e) _____ hast du?　　　*s* Auto
   B: Ich habe (　　　　) _____.

5) A: Wie viel(e) _____ hast du?　　　*e* Brille
   B: Ich habe (　　　　) _____.

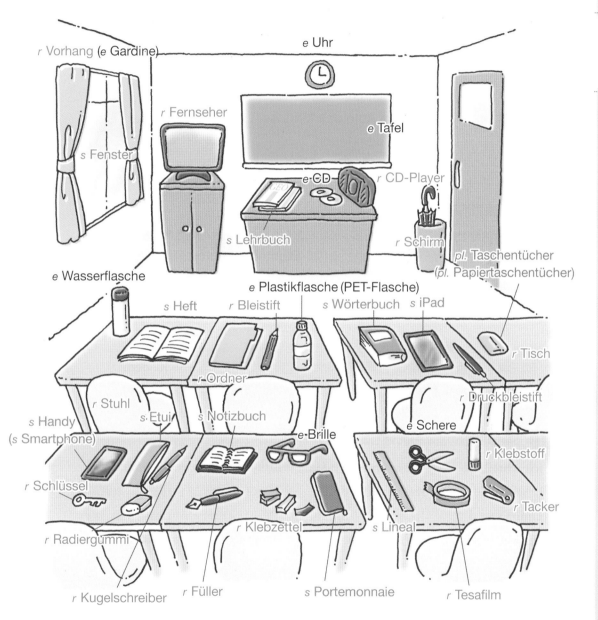

r Vorhang (*e* Gardine)

e Uhr

r Fernseher

e Tafel

s Fenster

e CD — *r* CD-Player

s Lehrbuch

r Schirm

pl. Taschentücher
(*pl.* Papiertaschentücher)

e Wasserflasche

e Plastikflasche (PET-Flasche)

s Heft　*r* Bleistift　*s* Wörterbuch　*s* iPad

r Tisch

r Ordner

r Stuhl　*s* Etui　*s* Notizbuch

r Druckbleistift

s Handy
(*s* Smartphone)

e Brille

e Schere

r Klebstoff

r Schlüssel

r Tacker

r Radiergummi

r Klebzettel　*s* Lineal

r Kugelschreiber　*r* Füller　*s* Portemonnaie　*r* Tesafilm

31

Wie geht's?

1 その他の格（3格・2格）

ドイツ語には、**主語（補語）**を表す**1格（主格）**、主に**直接目的語を表す4格（直接目的格）**の他に、**所有を表す2格（所有格）**、主に**間接目的語を表す3格（間接目的格）**があります。

1格「〜は / 〜が」	Der Mann ist Lehrer.	その男性は教師です。
2格「〜の」	Das ist das Auto des Mannes.	これはその男性の車です。
3格「〜に」	Ich danke dem Mann.	私はその男性に感謝します。
4格「〜を」	Sie liebt den Mann.	彼女はその男性を愛しています。

① 3格（間接目的格）

主に間接目的語を表す3格は日本語の「に」にあたります。名詞の**複数形3格**には **-n** がつきます。ただし、複数形1格の形が **-n** や **-s** で終わる名詞（Blume**n** 花、Auto**s** 車）は変化しません。

Ich danke dem Mann. 私はその男性に感謝します。

Ich schenke den Kindern ein Spielzeug. 私はその子どもたちにおもちゃ (s) をプレゼントします。

	男性	中性	女性	複数形
不定冠詞	einem Mann	einem Kind	einer Frau	— Kindern
定冠詞	dem Mann	dem Kind	der Frau	den Kindern

CD1-63 063 **Ü1** 下線部に冠詞の語尾を補いましょう。

1) Ich schreibe d_____ Eltern oft eine E-Mail. 私は両親 (pl.) にしばしばメールを書きます。

2) Er schenkt d_____ Sohn ein Bilderbuch. 彼は息子 (r) に絵本 (s) をプレゼントします。

3) Emilia sagt d_____ Mutter die Wahrheit. エミーリアはお母さん (e) に真実 (e) を告げます。

4) Die Mütze steht d_____ Baby sehr. その帽子は赤ちゃん (s) にとても似合っています。

② 2格（所有格）

所有を表す2格は日本語の「の」にあたります。**男性・中性名詞の2格**には **–s** または **-es** の語尾がつきます。原則として、1音節の名詞には **-es** (Mann**es**)、2音節以上の名詞には **-s** (Vater**s**) がつきます。

Das ist der Schirm des Mannes. これはその男性の傘です。

2格は後ろから名詞を修飾します

Sie ist die Mutter der Kinder. 彼女はその子どもたちの母親です。

	男性		中性		女性	複数形
不定冠詞	eines	Mann[e]s	eines	Kind[e]s	einer Frau	— Kinder
定冠詞	des	Mann[e]s	des	Kind[e]s	der Frau	der Kinder

Ü2 与えられた名詞を適切な形にして下線部に入れましょう。

1) Ich kenne den Titel _____ nicht.　　　das Buch
   私はこの本のタイトルを知りません。

2) Die Mutter _____ kommt gleich.　　　die Kinder
   その子どもたちの母親はすぐに来ます。

3) Die Hände _____ sind sehr groß.　　der Sumoringer
   その力士の手はとても大きい。

4) Der Komponist _____ ist Richard Wagner.　　die Oper
   そのオペラの作曲家はリヒャルト・ワーグナーです。

格のまとめ（不定冠詞・定冠詞）

	男性名詞	中性名詞	女性名詞	複数形
1格（は・が）	ein /der Mann	ein /das Kind	eine /die Frau	—/die Kinder
2格（の）	eines /des Mann[e]s	eines /des Kind[e]s	einer/der Frau	—/der Kinder
3格（に）	einem/dem Mann	einem/dem Kind	einer/der Frau	—/den Kindern
4格（を）	einen /den Mann	ein /das Kind	eine /die Frau	—/die Kinder

2　人称代名詞

ich, du, er, wir などの人称代名詞も格変化します。

		1人称	2人称	3人称			2人称敬称
単数	1格（は・が）	ich	du	er	es	sie	Sie
	3格（に）	mir	dir	ihm	ihm	ihr	Ihnen
	4格（を）	mich	dich	ihn	es	sie	Sie
複数	1格（は・が）	wir	ihr	sie			Sie
	3格（に）	uns	euch	ihnen			Ihnen
	4格（を）	uns	euch	sie			Sie

3格　Ich danke dir.　　　　　　　　　　　私は君に感謝している。

　　　Wir schenken ihnen DVDs.　　　　　私たちは彼らにDVD (pl.) をプレゼントする。

4格　Sie liebt ihn.　　　　　　　　　　　彼女は彼を愛している。

　　　Morgen besucht er uns.　　　　　　明日、彼は私たち（のもと）を訪れます。

　　　Emilia kauft das Bilderbuch.　Sie kauft es.　　エミーリアは絵本を買う。

33

Ü3 下線部に人称代名詞を入れましょう。

1) Der Lehrer lobt _____.
   先生は彼らをほめる。

2) Sie sucht _____.
   彼女は君たちを探している。

3) Wir folgen _____.
   私たちはあなたについて行きます。

4) Schenkt Leo _____ einen Ring?
   レオは彼女に指輪をプレゼントするの？

5) Paula liebt nicht _____, sondern _____.
   パウラはぼく（を）ではなくて、君を愛しているんだ。

6) Die Kinder schenken _____ ein Sofa.
   子どもたちは彼らにソファをプレゼントする。

CD1-66
066

非人称の es を用いた表現

自然現象

Es regnet.　　Es schneit.　　Es ist heiß/kalt.　　　　Es dunkelt.
雨が降る。　　　雪が降る。　　　暑い / 寒い。　　　　　　暗くなる / 日が暮れる。

時間の表現　　　Wie viel Uhr ist es? / Wie spät ist es?　何時ですか？
　　　　　　　　　　—Es ist 8 Uhr.　8時です。

es geht ～³ ～　　Wie geht es Ihnen?　ご機嫌いかがですか？
～³ の調子・具合が～である　—Es geht mir gut.　元気です。

es gibt ～⁴　　Gibt es hier in der Nähe einen Supermarkt?
～⁴ がいる、ある　この近くにスーパーマーケットはありますか？

個人の感覚を表す es

Es ist **mir** kalt/heiß.　→ **Mir** ist (es) kalt/heiß.　私は寒い / 暑い。
　　　　　　　　　　　　　　(es) は省略可

Es ist **mir** schwindlig.　→ **Mir** ist (es) schwindlig.　めまいがする。

3　3格・4格の語順

　名詞と名詞が2つ並ぶ場合、語順は「3格・4格」となりますが、4格が人称代名詞の場合は3格の前に置きます。

名詞が2つ並ぶ場合　　3格 ・ 4格

Maria schenkt dem Vater die Krawatte.　マリアは父にそのネクタイ (e) をプレゼントします。

人称代名詞と名詞の場合　　人称代名詞・名詞

Maria schenkt ihm die Krawatte.　　Maria schenkt sie dem Vater.
　　　　(=dem Vater)　　　　　　　　　　　　(=die Krawatte)

人称代名詞が2つ並ぶ場合　4格 ・ 3格

Maria schenkt sie　　　　　ihm.
　　　　(=die Krawatte) (=dem Vater)

Ü4 下線部を人称代名詞にして書き換えましょう。

1) Der Vater kauft <u>dem Sohn</u> einen Ball. 　　　父親は<u>息子に</u>ボール (r) を買います。

_____

2) Er schenkt dem Mädchen <u>das Dreirad</u>. 　　彼はその女の子 (s) に<u>その三輪車を</u> (s) プレゼントします。

_____

3) Die Großmutter erzählt <u>dem Kind</u> <u>die Geschichte</u>. 　祖母が<u>子どもに</u> <u>物語を</u> (e) 話して聞かせます。

_____

国名

Japan, Österreich, Luxemburg など、多くの国名は中性名詞で冠詞はつきません。

Ich fahre nach Österreich. 私はオーストリアへ行きます。

しかし、冠詞を伴う国名もあります。

女性名詞	die Schweiz（スイス）　die Türkei（トルコ）　die Ukraine（ウクライナ）
男性名詞	der Irak（イラク）　der Iran（イラン）　der Senegal（セネガル）
複数名詞	die USA（アメリカ合衆国）　die Niederlande（オランダ）

（Amerika, Holland の場合は中性名詞で無冠詞になります）

Ich fahre in die Schweiz. 私はスイスへ行きます。

ドイツ語の単語は長い

　ドイツ語の名詞は、他の名詞、形容詞、動詞、前置詞など様々な要素が結びついて長くなることがあります。こういった合成名詞（複合語）の性は、**最後の名詞の性になります。**

Student(en) 学生 + der Ausweis 証明書　　　→ der Studentenausweis 学生証
groß 大きい + das Unternehmen 企業　　　→ das Großunternehmen 大企業
waschen 洗濯する + die Maschine 機械　　　→ die Waschmaschine 洗濯機
zwischen 〜の間に + die Station 停留所、小さな駅　→ die Zwischenstation 途中下車

こんな長い語も

Rindfleischetikettierungsüberwachungsaufgabenübertragungsgesetz
「牛肉ラベリング監視業務委託法」（2013年5月29日に廃止されたメクレンブルク＝フォアポンメルン州の法）

CD1-69 / 069　**1**　下線部に正しい語尾を補いましょう。

1) D_____ Patient dankt d_____ Ärztin herzlich.

その患者 (r) はその医者 (e) に心から感謝します。

2) D_____ Mutter kauft d_____ Sohn e_____ Gitarre.

その母親は息子にギター (e) を買います。

3) D_____ Besitzer d_____ Sportwagens ist e_____ Schauspieler.

そのスポーツカー (r) の持ち主 (r) は、俳優 (r) です。

4) D_____ Polizist zeigt d_____ Ausländer d_____ Weg.

警察官 (r) はその外国人 (r) に道 (r) を教えます。

5) D_____ Sängerin ist d_____ Tochter d_____ Nachbarn.

その歌手 (e) は、隣人 (r) の娘さんです。

6) D_____ Kinder schenken d_____ Eltern e_____ Sessel.

子どもたち (pl.) は両親 (pl.) に肘掛け椅子 (r) をプレゼントします。

7) Das ist d_____ Wörterbuch d_____ Freundin.

それは、その友達 (e) の辞書 (s) です。

8) Das Mädchen schenkt d_____ Jungen e_____ DVD zum Geburtstag.

少女 (s) は少年 (r) に誕生日に DVD (e) をプレゼントします。

男性弱変化名詞：単数1格以外のすべての格において -(e)n がつきます。

	単数 (sg.)	複数 (pl.)
1格	der Junge	die Jungen
2格	des Jungen	der Jungen
3格	dem Jungen	den Jungen
4格	den Jungen	die Jungen

r Student 学生
r Mensch 人間
r Patient 患者
r Nachbar 隣人　など

CD1-70 / 070　**2**　(　　) に人称代名詞を補いましょう。

1) A: Wann kommt der Bus?

バス (r) はいつ来ますか？

B: (　　　　) kommt gleich.

それはじきに来ます。

2) A: Wo ist die Brille?

めがね (e) はどこですか？

B: (　　　　) liegt hier.

それはここにあります。

3) A: Wo ist das Rathaus?

市役所 (s) はどこですか？

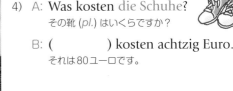

B: (　　　　) ist dort drüben.

それは向こう側です。

4) A: Was kosten die Schuhe?

その靴 (pl.) はいくらですか？

B: (　　　　) kosten achtzig Euro.

それは80ユーロです。

5) A: Wie alt ist der Hund?

その犬 (r) は何歳ですか？

B: (　　　　) ist erst 10 Monate alt.

それ (その犬) はまだ10か月です。

CD1-71 **071** **3** 例にならって（　　）に人称代名詞を入れましょう。

Beispiel　A: Was schenkst du der Mutter?　君はお母さんに何を贈るの？

B: Ich schenke (ihr) eine Armbanduhr.　ぼくは彼女に腕時計 (e) を贈るよ。

1) A: Was kaufen Sie dem Kind?

   B: Ich kaufe (　　　) einen Fußball.

2) A: Was schenkt er der Schwester?

   B: Er schenkt (　　　) eine Halskette.

3) A: Was kaufen die Kinder den Eltern?

   B: Sie kaufen (　　　) einen Fernseher.

4) A: Was schenkt ihr dem Lehrer?

   B: Wir schenken (　　　) einen Blumenstrauß.

5) A: Was schenken Sie den Enkelkindern?　▶pl. Enkelkinder 孫

   B: Ich schenke (　　　) eine Rutschbahn. s

CD1-72 **072** **4** 例にならって（　　）に人称代名詞を入れましょう。

Beispiel　A: Wie finden Sie den Rock?　あなたはこのスカート (r) をどう思いますか？

B: Ich finde (ihn) sehr gut.　私はそれ（スカート）をとてもいいと思います。

1) A: Wie finden Sie die Jacke?
   あなたはこの上着 (e) をどう思いますか？

   B: Ich finde (　　　) altmodisch.

2) A: Wie findest du den Sänger?
   君はこの歌手 (r) をどう思う？

   B: Ich finde (　　　) cool.

3) A: Wie finden Sie die Stiefel?
   あなたはこのブーツ (pl.) をどう思いますか？

   B: Ich finde (　　　) super.

4) A: Wie findest du das Lied?
   君はこの歌 (s) をどう思う？

   B: Ich finde (　　　) nicht schlecht.

5) A: Wie findet ihr den Film?
   君たちはこの映画 (r) をどう思う？

   B: Wir finden (　　　) fantastisch.

gut ⟷ schlecht　super / fantastisch ⟷ blöd

5 下線部を人称代名詞にして書き換えましょう。

1) <u>Noah</u> kauft <u>dem Bruder</u> ein T-Shirt.　ノアは 弟に Tシャツを買います。

___

2) <u>Der Kellner</u> bringt <u>den Gästen</u> das Essen.　ウェイターは 客 (pl.) に料理を持ってきます。

___

3) <u>Das Kind</u> folgt <u>der Mutter</u>.　子どもは 母親についていきます。

___

4) <u>Die Mutter</u> schenkt dem Großvater <u>die Lesebrille</u>.　母親は 祖父にその老眼鏡 (e) をプレゼントします。

___

5) Der Kinderpfleger erzählt <u>dem Kind</u> das Märchen.　保育士は子どもに その童話 (s) を話して聞かせます。

___

6 与えられた語を使って、必要ならば変化させて作文しましょう。　(不)→不定冠詞で　(定)→定冠詞で

1) bringen / r Vater (定) / r Regenschirm (不) / s Kind (定)　その子どもは父親に傘を持っていきます。

___

2) sein / das / r Lehrer (定) / r Rucksack (定)　これは先生のリュックサックです。

___

3) Anna / e Ärztin (定) / e Tochter (定) / heißen　その女医の娘はアンナ (という名前) である。

___

4) kennen / e Mutter (定) / r Schüler (定) / Sie　あなたはその生徒の母親をご存知ですか？

___

5) schenken / e Schwester (定) / s Computerspiel (不) / Felix
フェリックスが妹にコンピューターゲームをプレゼントする。

___

6) danken / pl. Eltern (定) / pl. Kinder (定) / herzlich　子どもたちは両親に心から感謝します。

___

7) antworten / pl. Lehrer (定) / e Schule (定) / pl. Schüler (定) / freundlich
この学校の先生たちは生徒たちに親切に答えます。　▶ ～³ antworten　～³ に答える

___

Hören und Sprechen

1 音声を聴いて、下線部に適切な語を書き入れましょう。 `CD1-75 075`

B: Hallo Riko, _____ geht's?   B: Ben R: Riko

R: _____, danke! Und _____?

B: Danke, auch _____.

es geht ~³ ~³の調子が…である

Wie geht es dir/Ihnen? 調子はどうですか？（元気？）

😄 Sehr gut. 🙂 Gut. 🙂 Es geht./So la la. 😐 Nicht so gut. 😖 Nicht gut.

2 音声を聴いて、下線部に適切な語を入れましょう。 `CD1-76 076`

Im Studentenwohnheim   M: Mia B: Herr Bauer (Hausmeister)

B: Hallo Mia, wie geht es _____?

M: Hallo, _____ geht es leider nicht so gut.

B: Was hast du denn?

M: Ich habe Kopfschmerzen.

B: Dann gebe ich _____ Aspirin.

M: Vielen Dank!

B: Gute Besserung!

s Studentenwohnheim 学生寮
r Hausmeister 管理人
leider 残念ながら
Was hast du denn?
いったいどうしたの？

`CD1-77 077` 病気の表現

eine Erkältung / eine Grippe   Fieber   Schnupfen   Husten   Zahnschmerzen   haben

`CD1-78 078` 🗣 例にならって、会話しましょう。

① 「～をどう思う？」

r Rock   A: Wie findest du **den Rock**?
          B: Ich finde (ihn) **sehr gut**.

Wie findest du _____?
Ich finde _____ ▨▨▨▨▨.

●あなたの持ち物・洋服についても「どう思う？」と尋ねてみましょう。

② 「誰にプレゼントする？」 A: Wem schenkst du <u>das Buch</u>?
                          B: Ich schenke <u>es</u> (der Tochter).

s Buch   e Tochter

e Nelke   s Sofa   r Rucksack   e Puppe   r Fernseher

e Mutter   r Vater   r Sohn   s Kind   pl. Großeltern

●あなたは誰に (**wem**)、何を (**was**) を贈りますか？ ▶ wem wer の３格「誰に」(参照 S.118)

Siehst du auch gern Filme?

1　不規則動詞の現在人称変化

　動詞の中には、主語が2人称単数（du）と3人称単数（er/es/sie）のとき、語幹の母音が変化するものがあり、a→ä、e→i、e→ieの3つの型があります。

① a → ä

fahren（乗り物で）行く

ich	fahre	wir	fahren
du	fährst	ihr	fahrt
er/es/sie	fährt	sie	fahren
	Sie	fahren	

同じ変化をする動詞

schlafen 眠る　　tragen 運ぶ、身につける
gefallen 気に入る　　laufen 走る

Fährst du gern Auto?
君は車を運転するのが好きなの？

—Ja, ich **fahre** sehr gern Auto.
うん、私は車を運転するのがとても好きだよ。

② e → i（短母音）

sprechen 話す

ich	spreche	wir	sprechen
du	sprichst	ihr	sprecht
er/es/sie	spricht	sie	sprechen
	Sie	sprechen	

同じ変化をする動詞

essen 食べる　　helfen 手伝う、助ける
treffen 会う　　werfen 投げる

Spricht Riko Deutsch?
リコはドイツ語を話すの？

—Ja, sie **spricht** gut Deutsch.
はい、彼女はドイツ語を上手に話します。

③ e → ie（長母音）

sehen 見る

ich	sehe	wir	sehen
du	siehst	ihr	seht
er/es/sie	sieht	sie	sehen
	Sie	sehen	

同じ変化をする動詞

lesen 読む　　empfehlen 勧める
befehlen 命令する　　stehlen 盗む

Was siehst du gern?
君は何を見るのが好き？

—Ich **sehe** gern Filme.
私は映画を見るのが好きだよ。

④ 特殊な変化をする動詞

werden ～になる

ich	werde	wir	werden
du	wirst	ihr	werdet
er/es/sie	wird	sie	werden
	Sie	werden	

wissen 知っている

ich	weiß	wir	wissen
du	weißt	ihr	wisst
er/es/sie	weiß	sie	wissen
	Sie	wissen	

e（長母音）→ i（長母音）

du gibst
er/es/sie gibt
geben（与える）は例外的なつづり

知っておくと便利な nehmen

nehmen 取る			
ich	nehme	wir	nehmen
du	nimmst	ihr	nehmt
er/es/sie	nimmt	sie	nehmen
	Sie	nehmen	

nehmen ＋ 4 格　〜⁴ を使う、利用する、〜⁴ にする

Er nimmt ein Taxi.
彼はタクシーを利用します（タクシーに乗ります）。

Ich nehme das T-Shirt.
（店で）私はこのＴシャツにします（このＴシャツをもらいます）。

Ü1 次の動詞を現在人称変化させましょう。

	schlafen 眠る	essen 食べる	lesen 読む	laufen 走る、歩く	helfen 助ける、手伝う	tragen 運ぶ	halten 保つ
ich	schlafe					trage	
du			liest		hilfst		hältst
er/es/sie		isst					hält
wir	schlafen			laufen	helfen		
ihr		esst				tragt	
sie/Sie			lesen				

注意が必要な動詞

日本語の「〜に」、「〜を」に対応しない動詞があります。

〜³	helfen	Ich helfe dem Kind.	私はその子どもを（3格）助けます。
〜³	gefallen	Die Tasche gefällt der Frau.	その女性は（3格）そのバッグが気に入っています。
〜³	gehören	Das Handy gehört dem Mann.	その携帯電話はその男性の（3格）ものです。
〜³	glauben	Ich glaube dir.	ぼくは君の言うことを（3格）信用するよ。
〜⁴	treffen	Er trifft heute das Mädchen.	彼は今日その少女に（4格）会います。
〜⁴	fragen	Der Student fragt den Lehrer.	その学生は先生に（4格）質問する。

antworten「〜に答える / 返事する」は3格を用います。　Der Lehrer antwortet dem Studenten.

Ü2 （　　）には人称代名詞、下線部には冠詞の語尾を入れましょう。

1) Mia hilft (　　　　).
   ミアは彼を手伝います。

2) Der Kriminalfilm gefällt (　　　　) sehr.
   私はそのサスペンス映画 (r) がとても気に入っています。

3) Der Student trifft heute d＿＿＿＿ Freundin.
   その学生 (r) は今日ガールフレンド (e) に会います。

LEKTION 4

41

② 命令形

命令形は、相手（**du/ihr/Sie**）に命令・依頼する際に用いられ、相手によって３つの形があります。

不定詞	du に対して	ihr に対して	Sie に対して
語幹＋en/n	語幹 [+e] …!	語幹＋t …!	語幹＋en Sie …!
kommen	Komm[e]!	Kommt!	Kommen Sie!
warten	Warte!	Wartet!	Warten Sie!
fahren	Fahr[e]!	Fahrt!	Fahren Sie!
sehen	Sieh!	Seht!	Sehen Sie!
sprechen	Sprich!	Sprecht!	Sprechen Sie!
sein	Sei leise!	Seid leise!	Seien Sie leise!

a → ä 型動詞では変音しません。

e → i/ie 型動詞は変音した形を
用い、語尾の -e は付けません。

ihr の命令形は、定動詞と同じ

du の命令形に注意

du の語尾 [e] はよく省略されます。しかし、**du –est** 型の規則動詞では、命令形で語尾の [e] を付けます。

例　arbeiten: Arbeite!　antworten: Antworte!

Sprechen Sie bitte langsam!　どうかゆっくり話してください！
Nehmen Sie bitte Platz!　どうぞお座りください！
Sei doch nicht so traurig!　頼むからそんなに悲しまないで！
Seid doch ruhig!　頼むから静かにして！
Hör mal!　ねえ、聞いて！
Warte mal!　ちょっと待って！

bitte, doch, mal

命令形とともに用いられ、丁寧な表現
にしたり、強調したりします。

bitte　どうぞ、どうか
doch　どうか、頼むから
mal　ちょっと、ねえ

  Ü3　du, ihr, Sie に対する命令形を作りましょう。

1) 書きなさい／書いてください！　　2) 読みなさい／読んでください！　　3) 答えなさい／答えてください！

	schreiben		lesen		antworten
du	＿＿＿＿＿＿	du	＿＿＿＿＿＿	du	＿＿＿＿＿＿
ihr	＿＿＿＿＿＿	ihr	＿＿＿＿＿＿	ihr	＿＿＿＿＿＿
Sie	＿＿＿＿＿＿	Sie	＿＿＿＿＿＿	Sie	＿＿＿＿＿＿

「～しましょう！」（勧誘）の表現

wir を主語にして、**語幹＋en wir …!** の形で、「～しましょう！」という**勧誘の表現**になります。
Lernen wir Deutsch!　　　　　ドイツ語を学びましょう！
Fahren wir morgen nach Berlin!　明日ベルリンへ行きましょう！

1 **kein** と **nicht** の使い分け

① **kein** を用いる場合

1) 不定冠詞の付いている名詞

Hast du einen Kugelschreiber? —Nein, ich habe keinen Kugelschreiber.

君はボールペンを持っている？ いいえ、ぼくはボールペンを持っていないよ。

2) 無冠詞の複数形

Haben Sie Geschwister/Kinder? —Nein, ich habe keine Geschwister/Kinder.

(あなたには) 兄弟姉妹 / お子さんはいらっしゃいますか？ いいえ、兄弟姉妹 / 子どもはいません。

3) 抽象名詞・物質名詞 (無冠詞)

Hast du Hunger? —Nein, ich habe keinen Hunger.

君は空腹なの？ いいや、空腹ではないよ。

Trinken Sie Bier? —Nein, ich trinke kein Bier.

(あなたは) ビールを飲まれますか？ いいえ、ビールは飲みません。

② **nicht** を用いる場合：定冠詞 (類)・所有冠詞の付いている名詞

Ich kaufe das Handy nicht. 私はその携帯を買いません。

Er hilft seinem Vater nicht. 彼は彼の父親を手伝いません。

③ **nicht** あるいは **kein** を用いる場合

Ich bin nicht Student. / Ich bin kein Student. 私は学生ではありません。

2 否定語 **nicht** の位置

① **nicht** を文末に置く場合 (全文否定)

Er kennt den Mann nicht. 彼はその男性を知りません。

Ich tanze nicht. 私は踊りません。

② **nicht** を文末に置かない場合

> ドイツ語では動詞の句を表記する際、動詞を最後に書きます。
> **müde sein** 疲れている
> **Lehrer werden** 教師になる

1) **sein / werden** ＋述語

Er ist nicht müde. 彼は疲れていません。

Er wird nicht Lehrer. 彼は教師になりません。

2) 文の一成分だけ否定する場合 (部分否定)

Sie isst nicht gern Fleisch. 彼女は肉 (を食べるの) が好きではありません。

Sie kauft nicht den Rock da(, sondern den Rock dort).

彼女はこのスカートは買いません (そうではなくてあのスカートを買います)。

3) 方向、場所を表す文成分がある場合

Er kommt nicht aus Japan. 彼は日本出身ではありません。

4) 動詞とある文成分が密接に結びついている (熟語表現) 場合

Sie fährt nicht Auto. 彼女は車を運転しません。

3 否定の疑問文に答える場合

Ist er nicht krank? Doch, er ist krank. いや、彼は病気です。

彼は病気ではないのですか？ Nein, er ist nicht krank. はい、彼は病気ではありません。

Hast du kein iPhone? Doch, ich habe ein iPhone. いや、ぼくは iPhone を持っているよ。

君は iPhone を持っていないの？ Nein, ich habe kein iPhone. うん、ぼくは iPhone を持っていないよ。

Übungen 4

1 次の単語に共通する動詞を見つけましょう。

| sprechen | machen | laufen | essen | sehen | lesen | spielen | hören | fahren |

1)
_____
Comics Romane Krimis
Zeitschriften Zeitungen

2)
_____
Fisch Fleisch Gemüse
Brot Eis

3)
_____
Nachrichten Filme Oper
Fußballspiele Baseballspiele

4)
_____
Auto Fahrrad Motorrad
Snowboard Ski

5)
_____
Deutsch Englisch Japanisch
Italienisch Spanisch

6)
_____
Fußball Basketball
Klavier Gitarre

7)
_____
Karate Yoga Judo

8)
_____
Schlittschuh Rollschuh

9)
_____
Rock J-Pop Jazz Klassik

2 **1** から適切な動詞を人称変化させて入れ、会話を完成させましょう。

Beispiel

A: <u>Spielst</u> du gern Tennis?
B: Ja, <u>ich spiele gern Tennis</u>.
B: Nein, <u>ich spiele nicht gern Tennis</u>.

gern ～するのが好きだ
nicht gern ～するのが好きではない

1) A: _____ du gern Romane?
B: Ja, _____

2) A: _____ er gern Gemüse?
B: Nein, _____

3) A: _____ Noah gern Snowboard?
B: Ja, _____

4) A: _____ Frau Müller nicht gern Filme?
B: Doch, _____

5) A: _____ der Lehrer nicht gern Klassik?
B: Nein, _____

6) A: _____ du gut Deutsch?
B: Ja, _____

7) A: _____ die Studentin gern Schlittschuh?
B: Ja, _____

8) A: _____ ihr gern Yoga?
B: Ja, _____

CD1-88 / 088

3 ( ) に人称代名詞または冠詞の語尾を、下線部に動詞の定形を入れて文を作りましょう。

1) (D) Junge _____ (d) Mädchen (e) Buch.   geben

   その少年 (r) は少女 (s) に一冊の本を渡す。

2) Heute _____ sie ( ).   treffen

   今日彼女は彼に会う。(参照 S.41)

3) (D) Mädchen _____ sehr gern (d) Modezeitschrift.   lesen

   その少女 (s) はそのファッション誌 (e) を読むのがとても好きだ。

4) Ich _____ es genau.   wissen   私はそのことを詳しく知っている。

5) _____ du (d) Bus?   nehmen   バス (r) に乗る？

6) (D) Polizist _____ (e) Dieb.   fangen   その警官 (r) は泥棒 (r) を捕まえる。

7) (D) Professor _____ immer (e) Anzug.   tragen

   その教授 (r) はいつもスーツ (r) を着ています。

CD1-89 / 089

4 与えられた単語を使って、例のように作文しましょう。

Beispiel   du / hören   Jazz / Rock   A: Was <u>hörst</u> du lieber, <u>Jazz</u> oder <u>Rock</u>?

                 B: Ich höre lieber <u>Rock</u>.   lieber より好んで

1) du / sprechen   Englisch / Deutsch

   A: _____?

   B: _____.

2) Emma / lesen   Romane / Krimis

   A: _____?

   B: _____.

3) der Student / fahren   Motorrad / Auto

   A: _____?

   B: _____.

4) Ben / essen   Reis / Brot

   A: _____?

   B: _____.

5) Herr Beckenbauer / sehen   Tennisspiele / Baseballspiele

   A: _____?

   B: _____.

CD1-90 / 090

5 例にならって、疑問文を命令形の文章に書きかえましょう。

Beispiel   **Lernst** du fleißig?   <u>Lern(e) fleißig</u> !   まじめに勉強しなさい。

1) **Schlaft** ihr gut?   _____! おやすみなさい。

2) **Nimmst** du den Zug?   _____! その列車に乗りなさい。

3) **Fährst** du morgen nach Berlin?   _____! 明日ベルリンへ行きなさい。

4) **Seid** ihr immer gesund?   _____! いつも健康でいてね。

5) **Gibst** du ihr die Eintrittskarte?   _____! 彼女にそのチケットを渡しなさい。

6) **Liest** du den Dialog?   _____! ディアローグを読みなさい。

6 イラストを参考に du に対する命令形の文章をつくりましょう。

 A: Mama, ich esse kein Gemüse.　doch Gemüse essen

B: __Iss doch Gemüse__ !

1) A: Mama, ich spiele heute Computerspiele.　sofort Hausaufgaben machen

B: _____ !

2) A: Ich habe eine Erkältung.　Medikamente nehmen

B: _____ !　▶pl. Medikamente 薬

3) A: Ich bin traurig.　bitte nicht weinen

B: _____ !　▶weinen 泣く

4) A: Ich bin sehr müde.　eine Pause machen

B: _____ !　▶e Pause 休憩

7 与えられた語を使って、必要ならば変化させて作文しましょう。

1) e Brille (不定冠詞で) / immer / r Lehrer / tragen　その先生はいつも眼鏡をかけています。

_____

2) Noah / sehen / sehr gern / Baseballspiele　ノアは野球の試合を見るのがとても好きです。

_____

3) s Auto / e Ärztin / waschen / am Sonntag / immer　その医者はいつも日曜日に車を洗います。

_____

4) fließend / Riko / sprechen / Deutsch　リコは流ちょうにドイツ語を話しますか？

_____

5) s Mädchen / er / morgen / treffen　彼は明日その少女に会うのですか？

_____

6) r Animationsfilm / dir / wie / gefallen　そのアニメ映画は気に入った？

_____

7) pünktlich / kommen / bitte / Sie　時間通りに来てください。▶pünktlich 時間通りの

_____

8) nehmen / doch / Platz (無冠詞で) (du に対する命令)　席につきなさい。▶Platz nehmen 座る、腰をおろす

_____

Hören und Sprechen

♣ In der Mensa

CD1-93 093 **1** 音声を聴いて、下線部に適切な語を書き入れましょう。

R: Was _____ du?

M: Mia　R: Riko

M: Ich _____ das Tagesmenü A. Und du? Was _____ du?

R: Ich _____ das Wahlessen, ein Wiener Schnitzel mit Pommes.

M: Sag mal, was _____ du gern?

R: Ich _____ sehr gern Obst. Am liebsten _____ ich
Erdbeeren. _____ du nicht gern Erdbeeren?

M: _____, ich _____ nicht gern Erdbeeren.
Ich _____ lieber Kirschen. Ich _____ am liebsten
Schokolade. Im Winter trinke ich oft heiße Schokolade.

- s Tagesmenü 日替わり定食
- s Wahlessen 選択メニュー
  am liebsten 最も好んで
- e Erdbeere, -n イチゴ
- e Kirsche, -n サクランボ
  heiße Schokolade
  ホットチョコレート

CD1-94 094 **2** 会話を参考にして、パートナーに尋ねてみましょう。

A: Was isst du gern?　　　　　　　　　　　B: Ich esse gern Schokolade.

A: Was isst du nicht gern?　　　　　　　　B: Ich esse nicht gern Paprika.

A: Was isst du lieber, Erdbeeren oder Kirschen?　B: Ich esse lieber Kirschen.

Wurst　　　Ei (Eier)　　　Käse　　　Salat　　　Suppe

Brezel　　　Käsekuchen　　　Baumkuchen　　　Joghurt

CD1-95 095 **3** 好きなこと、得意なことについて話しましょう。

A: Was machst du gern?　　B: Ich sehe gern Filme.

A: Was machst du gut?　　　B: Ich fahre gut Auto.

Filme sehen　Motorrad fahren　Fußball spielen　Freunde treffen　Fremdsprachen sprechen

schwimmen　　tanzen　　wandern　　singen　　lesen　　angeln

Was ist dein Hobby?　君の趣味は？

Mein Hobby ist Fußball spielen.　サッカーです。

Mein Hobby ist Tanzen.　ダンスです。

不定詞の頭文字を大文字書きして名詞として
「～すること」の意味で用います。

＊名詞と用いる時は、不定詞の頭文字は小文字。

「ドイツ映画」と聞くと、難しい作品を連想する方も多いと思います。でも楽しい作品も数多くあります。映画は時代の流れに敏感で、社会を映し出す鏡そのもの。ドイツの歴史、文化、ドイツ人気質、食べ物、美しい風景——あらゆるドイツが凝縮されています。日本にいながらドイツを体感できるのが映画のいいところ。生きた言葉も学べて一石二鳥です。

♣ナチという負の歴史

ドイツを知る上で避けて通れないのがナチ・ドイツによる負の歴史。真正面から歴史に向き合うドイツ人の真摯な姿勢は、ドイツ映画界にも共通します。ヒトラーをどう描くか——これはドイツ映画界にとって永遠のテーマなのでしょう。『ヒトラー〜最期の12日間〜』(2004) は、ヒトラーを等身大に描いたということで議論を呼びました。"総統閣下"を演じた故ブルーノ・ガンツの名演技は今もなお語り草になっています。異色作として挙げられるのは『帰ってきたヒトラー』(2015)。現代によみがえったヒトラーが人々を洗脳していくというリアルすぎるブラックジョークは、笑っていいのか悪いのか。『ある画家の数奇な運命』(2018) では、ナチ政権下で行われた安楽死政策が描かれています。また、『コリーニ事件』(2019) では新米弁護士が第2次大戦後の西ドイツの不都合な真実を暴き、正義とは何かを見る者に問いかけます。

♣東ドイツが気になる方に

第2次世界大戦後、米・英・仏・ソ連の戦勝4か国による分割統治を経て、ドイツは東西に二分されました。東ドイツは1949年の建国後、1961年にベルリンの壁を建設。1990年の東西再統一まで存続しました。この東ドイツとは、どんな国だったのでしょうか。『僕たちは希望という名の列車に乗った』(2018) は、壁建設前の東ドイツが舞台。当局の圧力に屈することなく自分たちの意志を貫こうとする高校生たちの物語で、実話に基づきます。東から西へ逃亡する2家族を描いたのは『バルーン 奇蹟の脱出飛行』(2018)。これも実話です。逃亡の手段は、なんと手製の熱気球でした。一方、東ドイツには東ドイツならではの魅力があります。東西再統一の混乱をユーモアたっぷりに描いた『グッバイ、レーニン！』(2003) は必見。壁の崩壊後、東ドイツは急速に西ドイツ化していきます。しかし主人公の母の部屋だけは時が止まり、東ドイツのまま。その経緯は映画を見て確かめてください。不朽の名作です。

♣今や移民大国ドイツ

ドイツには多くの外国人が暮らしています。経済発展に伴う人手不足を解消するため、西ドイツは1950年代以降、外国から多くの労働者を招きました。『おじいちゃんの里帰り』(2011) は、トルコから来た移民一世のおじいちゃんと、ドイツ生まれの子どもや孫との温度差をユーモラスに描いた作品です。一方、2015年に始まる難民危機は記憶に新しいところ。『はじめてのおもてなし』(2016) は、難民を家庭に迎え入れることで起こるハートマン家の騒動を描いています。難民に対する家族の考えはさまざま。一家はドイツの縮図なのです。

♣ドイツといえばサッカー

19世紀末、イギリスからサッカーが入ってきた頃のドイツを描いた作品が『コッホ先生と僕らの革命』(2011)。意外や意外、サッカー大国のドイツも最初はイギリス発祥のスポーツに抵抗があったようです。当時の人々の反応はいかに？　ぜひ映画をご覧ください。

ドイツ映画をざっくりとご紹介しましたが、ほかにもドイツの魅力が詰まった映画がたくさんあります。最近は配信でも視聴できますから、ぜひ映画を通していろいろなドイツに触れてみてください。さらにドイツが好きになること間違いなし。それでは、**Viel Spaß!**

ドイツのパンと菓子

㈱エルフェン・ドイツ食品普及協会代表　森本智子

　ドイツの食と聞いて、みなさんは「ビール」、「ソーセージ」、「ザワークラウト」を思い浮かべるのではないでしょうか。

　しかしもちろんドイツには他にももっとたくさんの食べ物があります。食糧自給率がおよそ90%、ヨーロッパの中心に位置する現在EU最大の人口を誇る経済大国ですから、多種多様な食材が流通しています。

　中でも主食といえる代表的な食べ物はもちろんパンです。ドイツには世界最多ともいえる種類のパンが存在します。そうしたパンの豊富さやパンに関連する伝統・習慣・文化を含め、ドイツのパン文化はドイツ国内の無形文化遺産に登録されています。

　パンの材料は主に小麦とライ麦に大分されます。小麦は温暖な気候で育つため、ドイツは南部に小麦文化が発達し、パンもまた南部の方が小麦の割合が多くなります。古代麦とも呼ばれるスペルト小麦の栽培もドイツ南西部で盛んです。北部では寒冷であまり肥沃でない土壌でも育つライ麦が主要穀物です。とは言っても2つの穀物の栽培地に明確な境界線があるわけではなく、パンも一つの穀物のみを使ったものから、2種類以上を様々な配合で作るものまで多数あり、それがドイツパンの大きな特徴の一つであり、地方ごとの特色やパン屋の個性が出るところでもあります。例えば同じシュヴァルツブロート（黒パン）といっても北と南ではライ麦の割合が異なるため色も違ってきます。

典型的なドイツのパン屋のショーウインドウ。手前にはケーキ、焼き菓子類が、奥には多種多様なパンが並ぶ。

朝食や軽食で食べる様々な小型パン。ドイツ南部やオーストリアではSemmelと呼ばれ、放射状の模様が入ったものが主流。朝食のパンは、毎朝近所のパン屋に焼立てを買いに行くのが一般的だったが、最近は前日に買い置きする人も。

　パンはドイツ語でBrotですが、Brotと呼ぶのは一個当たり250gを超える大きなパンを指します。対してスライスせずに食べる小さなパンはKleingebäckと呼びます。この2つのカテゴリーの中に主要穀物や多数の副材料を組み合わせた多種多様なパンがあるというわけです。ドイツでは朝食にBrötchenやSemmelなどと呼ばれる小さい小麦パンを食べ、夕食に大型パンをスライスして食べるのが伝統的な食事です。

　小麦から作られるものといえばお菓子もあります。日本では何といってもバウムクーヘンが知られていますが、実はバウムクーヘンは日本での消費の方が圧倒的に多く、ドイツでは食べる地域もほぼ東部に限定されており、他の地域ではクリスマスに出回ることがほとんどです。

　お菓子を焼くのは、オーブン料理が多いヨーロッパでは日常的なことであり、昔はパンを焼く時にお菓子も一緒に焼くのは普通でした。ある調査ではドイツ人が好きなケーキとしてリンゴのケーキ、赤ワインとチョコレートのケーキ、チーズケーキ、マーブルケーキなどが上位に挙げられています。これらは家庭で手軽に焼けるケーキの代表で、週末や誕生日などにこうしたケーキを焼くのはドイツの日常生活の一部です。

　お菓子をよく食べるのはクリスマスの時期です。クリスマス前のアドヴェント（待降節）には日本でもよく知られるシュトレンを始め、レープクーヘンやシュペクラツィウスなどが出回り、家庭では様々なクッキーを焼くのがドイツの伝統です。

　焼き菓子以外のスイーツもドイツではたくさん消費されています。中でもチョコレートはドイツ人が世界最多の消費量を誇ります。酪農が盛んなドイツは美味しい乳製品も豊富にあるため、乳製品をベースとしたスイーツもお勧めです。

　ぜひドイツへ行く機会があればBäckereiやKonditoreiあるいはスーパーマーケットを覗いてさまざまなパンやお菓子に触れてみてください。

パン屋の棚。大小さまざまなパンを並ぶ。大きいものはカットもしてくれる。夕食には大型パンを数種類用意することが多い。

冠詞類

Das ist ein Foto meiner Familie.

　冠詞とよく似た働きをする語を**冠詞類**と呼び、不定冠詞 ein に準じた語尾変化をする**不定冠詞類**（所有冠詞 mein, dein など、**否定冠詞 kein**）、定冠詞 der に準じた語尾変化をする**定冠詞類**（dieser, welcher など）に分けられます。

 1 不定冠詞類

① **所有冠詞**　名詞について所有を表します。

	1人称	2人称（親称）	3人称			2人称（敬称）
単数	mein 私の	dein 君の	sein 彼の(er)　sein それの(es)　ihr 彼女の(sie)			Ihr あなたの
複数	unser 私たちの	euer 君たちの	ihr 彼らの・それらの(sie)			Ihr あなたがたの

mein Vater 　　**mein** Kind 　　**meine** Mutter
私の父は 　　　　　私の子どもは 　　　私の母は

	男性		中性		女性		複数	
1格（は・が）	mein	Vater	mein	Kind	meine	Mutter	meine	Eltern
2格（の）	meines	Vaters	meines	Kind[e]s	meiner	Mutter	meiner	Eltern
3格（に）	meinem	Vater	meinem	Kind	meiner	Mutter	meinen	Eltern
4格（を）	meinen	Vater	mein	Kind	meine	Mutter	meine	Eltern

複数形は定冠詞（類）の語尾です

Mein Vater hat morgen Geburtstag.　　　　私の父は明日誕生日です。

Das Hobby meines Vaters ist Kochen.　　　私の父の趣味は料理（をすること）です。

Ich schenke meinem Vater eine Schürze.　私は（私の）父にエプロンをプレゼントします。

Ich liebe meinen Vater sehr.　　　　　　　私は（私の）父をとても愛しています。

 CD2-01 096 **Ü1** 次の所有冠詞＋名詞を格変化させてみましょう。

	男性	中性	女性	複数
1格	dein Onkel	unser Kind	seine Tante	ihre Geschwister
2格	_____	_____	_____	_____
3格	_____	_____	_____	_____
4格	_____	_____	_____	_____

② 否定冠詞 **kein** 「(ひとつも) ない」

kein は、不定冠詞がついている名詞、抽象名詞、物質名詞、無冠詞の複数形を否定する際に用いられます。

	男性	中性	女性	複数
1 格 (は・が)	kein	kein	keine	keine
2 格 (の)	keines	keines	keiner	keiner
3 格 (に)	keinem	keinem	keiner	keinen
4 格 (を)	keinen	kein	keine	keine

Er hat keinen Studentenausweis.　　彼は学生証 (r) を持っていません。

Hast du kein iPad?　　　　　　　　君は iPad (s) を持ってない?

Morgen habe ich keine Zeit.　　　　明日私は時間 (e) がありません。

Mia hat keine Geschwister.　　　　ミアには兄弟姉妹 (pl.) がいません。

Ü2 下線部に冠詞の語尾を正しい形にして入れましょう。

1) A: Ist das e＿＿＿＿ Bleistift?　　　B: Nein, das ist k＿＿＿＿ Bleistift.

2) A: Habt ihr e＿＿＿＿ Tüte?　　　　B: Nein, wir haben k＿＿＿＿ Tüte.　　▶e Tüte ビニール袋

3) A: Haben Sie Kinder?　　　　　　B: Nein, wir haben k＿＿＿＿ Kinder.

4) A: Trinken Sie Bier?　　　　　　B: Nein, ich trinke k＿＿＿＿ Bier.

5) A: Hast du k＿＿＿＿ Durst?　　　　B: Doch, ich habe Durst.　　　　▶r Durst のどの渇き

Bingo

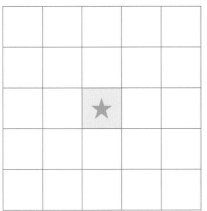

1〜80 までの好きな数字を表に書き入れましょう。
音声を聴いて自分の書き入れた数字が出てきたら、
マスを消しましょう。

縦、横、斜めのどれか
1 列がそろったら Bingo!

dieser この　welcher どの　jeder どの〜も（単数形のみ）
aller すべての　solcher そのような　jener あの

▶ 青い部分が、定冠詞とよく似た語尾変化をします

	男性	中性	女性	複数
1格（は・が）	dieser iPod	dieses Heft	diese Brille	diese Hefte
2格（の）	dieses iPods	dieses Heft[e]s	dieser Brille	dieser Hefte
3格（に）	diesem iPod	diesem Heft	dieser Brille	diesen Heften
4格（を）	diesen iPod	dieses Heft	diese Brille	diese Hefte

Welchen Pullover finden Sie gut?　どのセーター (r) をあなたはいいと思いますか？

Ich finde diesen Pullover besonders gut.　私はこのセーターを特にいいと思います。

CD2-04 / 099　**Ü3**　次の定冠詞類＋名詞を格変化させてみましょう。

	男性	中性	女性	複数
1格	welcher Pullover	jedes T-Shirt	solche Bluse	alle Schuhe
2格	_____	_____	_____	_____
3格	_____	_____	_____	_____
4格	_____	_____	_____	_____

CD2-05 / 100　**Ü4**　下線部に適切な語尾を入れましょう。

1) A: Welch____ Shampoo kaufst du?　B: Ich kaufe dies____ Shampoo.
   どのシャンプー (s) を買うの？　私はこのシャンプーを買うわ。

2) A: Welch____ Jeans kaufst du?　B: Ich kaufe dies____ Jeans.
   どのジーパン (e) を買うの？　私はこのジーパンにする（を買う）。

3) A: Welch____ Ring findest du schön?　B: Ich finde dies____ Ring besonders schön.
   (君は) どの指輪 (r) をすてきだと思う？　私はこの指輪を特にすてきだと思うわ。

4) A: Welch____ Turnschuhe findest du gut?　B: Ich finde dies____ Turnschuhe gut.
   どのスニーカー (pl.) をいいと思う？　私はこのスニーカーをいいと思うよ。

5) A: Welch____ Lippenstift gefällt Ihnen?　B: Dies____ Lippenstift gefällt mir sehr gut.
   (あなたは) どの口紅 (r) がお気に入りですか？　(私は) この口紅がとても気に入っています。

6) A: Welch____ Ohrringe gefallen Ihnen?　B: Dies____ Ohrringe gefallen mir gut.
   (あなたは) どのイヤリング (pl.) がお気に入りですか？　(私は) このイヤリングがとても気に入っています。

CD2-06 / 101　🔍 **時を表す名詞の4格**

jeden Morgen 毎朝　　jeden Tag 毎日　　jeden Abend 毎晩　　jede Nacht 毎夜

diese Woche 今週　　diesen Monat 今月　　dieses Jahr 今年

CD2-07 102

1 適切な所有冠詞を選び、正しい形にして（　　）に入れましょう。一回だけ用いるとは限りません。

> mein　dein　sein　ihr　Ihr　unser　euer

1) A: Ist das (　　　　　) Hemd?
これは君のシャツ (s) ？

B: Ja, das ist (　　　　　) Hemd.
はい、これは私のシャツです。

2) A: Ist das (　　　　　) Brille?
これは彼のめがね (e) ですか？

B: Nein, das ist (　　　　　) Brille.
いいえ、これは彼女のめがねです。

3) A: Ist das (　　　　　) Mantel?
これはあなたのコート (r) ですか？

B: Nein, das ist (　　　　　) Mantel.
いいえ、これは彼のコートです。

4) A: Sind das (　　　　　) Kleider?
これは彼らの洋服 (pl.) ？

B: Nein, das sind (　　　　　) Kleider.
いや、私の洋服です。

5) A: Wie alt ist (　　　　　) Tochter?
あなたがたのお嬢さんは何歳ですか？

B: (　　　　　) Tochter ist neun Jahre alt.
私たちの娘は９歳です。

6) A: Was ist (　　　　　) Vater von Beruf?
君たちのお父さんの職業は？

B: (　　　　　) Vater ist Beamter.
私たちの父は公務員です。

CD2-08 103

2 例にならって与えられた語句を適切な形にして文を完成させましょう。

Beispiel

A: Ist das dein Foto?　これは君の写真？

B: Nein, das ist das Foto **meines Bruders**.
いや、これは私の兄の写真だよ。

mein Bruder

1) A: Ist das deine Sonnenbrille?　これは君のサングラス？

B: Nein, das ist die Sonnenbrille ＿＿＿＿＿＿ ＿＿＿＿＿＿＿＿.
いや、これは私の姉のサングラスだよ。

meine Schwester

2) A: Ist das dein Motorroller?　これは君のスクーター？

B: Nein, das ist der Motorroller ＿＿＿＿＿＿ ＿＿＿＿＿＿＿＿.
いや、これは私の父のスクーターだよ。

mein Vater

3) A: Ist das Ihr Haus?　これはあなたのお宅 (家) ですか？

B: Nein, das ist das Haus ＿＿＿＿＿＿ ＿＿＿＿＿＿＿＿.
いいえ、これは私の両親の家です。

meine Eltern

4) A: Sind das deine Sandalen?　これは君のサンダル？

B: Nein, das sind die Sandalen ＿＿＿＿＿＿ ＿＿＿＿＿＿＿＿.
いや、これは私の子どものサンダルだよ。

mein Kind

3 例にならって会話を完成させましょう。

Beispiel　　A: Wem gehört das iPad?　このiPadは誰のですか？　▶ ～³ gehören　～³のものである

B: *Er/Es/Sie* gehört **meinem Sohn**.　　mein Sohn
これ (iPad) は私の息子の (もの) です。

1) A: Wem gehört das T-Shirt?　このTシャツは誰のですか？

B: *Er/Es/Sie* gehört _____ _____.　sein Kind
これ (Tシャツ) は彼の子どものです。

2) A: Wem gehört die Bluse?　このブラウスは誰のですか？

B: *Er/Es/Sie* gehört _____ _____.　ihre Schwester
これ (ブラウス) は彼女の妹のです。

3) A: Wem gehören die Schuhe?　この靴 (pl.) は誰のですか？

B: *Er/Es/Sie* gehören _____ _____.　mein Mann
これ (靴) は私の夫のです。

4) A: Wem gehört der Schal?　このスカーフは誰のですか？

B: *Er/Es/Sie* gehört _____ _____.　meine Tante
これ (スカーフ) は私の叔母のです。

4 下線部に適切な冠詞類を選んで入れましょう。

solch*en*　jed*er*　all*e*　jen*e*　dies*es*　welch*e*

1) _____ Kleid kostet 100 Euro.
このワンピース (s) は 100 ユーロです。

2) _____ Filme laufen jetzt im Kino?
どの映画 (pl.) が映画館で上映されているの？　▶ im Kino 映画館で

3) Kennen Sie _____ Dame dort?
あそこにいるあのご婦人 (e) をご存じですか？

4) _____ Leuten glaubt er nicht.
そのような人々 (pl.) を彼は信じない。　▶ ～³ glauben　～³を信じる

5) _____ Student hat einen Studentenausweis.　どの学生 (r) も学生証を持っている。

6) _____ Wege führen nach Rom.　　　すべての道 (pl.) はローマへ続く。

5 下線部に適切な語尾を、また必要のない場合は×を入れて文を完成させましょう。

1) Welch____ Socken trägst du?　　　　　　君はどの靴下 (pl.) をはくの？

2) Dies____ Märchen gefällt jed____ Kind.　この童話 (s) はどの子どもにも気に入ります。

3) Ich kaufe mein____ Sohn dies____ Pyjama.　私は息子 (r) にこのパジャマ (r) を買います。

4) Er schenkt sein____ Tochter dies____ T-Shirt.　彼は (彼の) 娘 (e) にこのTシャツ (s) をプレゼントする。

5) Er ist mein____ Vorbild.　　　　　　　　彼は私の手本 (s) です。

6) Wann kommt Ihr____ Mutter?　　　　　　あなたのお母さん (e) はいつ来ますか？

54

6 例にならって、会話を完成させましょう。

Beispiel A: Wie findest du deinen/deine/dein Mutter? 君は君のお母さんをどう思う？

B: Ich finde (**sie**) sehr nett. 私は彼女をとても親切だと思うよ。

1) A: Wie findest du deinen/deine/dein Bruder?

B: Ich finde ( ) sympatisch. ▶ sympatisch 好感の持てる

2) A: Wie findest du unseren/unsere/unser Universität?

B: Ich finde ( ) gut. ▶ e Universität 大学

3) A: Wie findest du seinen/seine/sein Smartphone?

B: Ich finde ( ) unpraktisch.

4) A: Wie findest du diesen/diese/dieses Ohrringe?

B: Ich finde ( ) prima. ▶ pl. Ohrringe イヤリング

5) A: Wie findest du diesen/diese/dieses Schauspieler?

B: Ich finde ( ) attraktiv. ▶ r Schauspieler 俳優　attraktiv 魅力的な

6) A: Wie findest du diesen/diese/dieses Musikband?

B: Ich finde ( ) super. ▶ e Musikband バンド

 7 与えられた語を使って、必要ならば変化させて作文しましょう。

1) dein / e Mutter / sein / wo　　君のお母さんはどこにいるの？

2) kommen / wann / euer / r Vater　　君たちのお父さんはいつ来るの？

3) mein / r Freund / mein / e Schwester / schenken / r Blumenstrauß
私の友人が(私の)姉に花束をプレゼントします。

4) pl. Professoren / fleißig / dieser / e Universität / sein　　この大学の教授たちは勤勉です。

5) welcher / r Tag / heute / wir / haben　　今日は何曜日ですか？ ▶ Tag haben ～日である

6) gefallen / welcher / s Hemd / dir　　どのシャツが気に入ってる？

7) mein / e Großmutter / süß / sein / e Katze　　私の祖母の猫はかわいい。

8) sein / r Traum / jeder / r Mensch / haben　　どの (jeder) 人も夢を持っています。

Hören und Sprechen

1 音声を聴いて、下線部に適切な語を入れましょう。

Dialog 1   B: Ben M: Mia

B: Hast du Geschwister?

M: Ja, ich habe _____ _____ und _____ _____.

B: Wie alt ist _____ _____?

M: Sie ist _____.

B: Was ist deine Schwester von Beruf?

M: Sie ist Flugbegleiterin.

B: Und _____ _____?

M: Mein Bruder ist _____ und noch Schüler.

e Flugbegleiterin 客室乗務員

Dialog 2   B: Ben M: Mia

M: Das ist ein Foto _____ _____. *Mia zeigt ihm ihr Smartphone.*

B: Dein Bruder ist kräftig. Spielt _____ _____ gern Fußball?

M: Ja sehr! _____ Lieblingssport ist Fußball.

B: Wie findest du _____ _____?

M: Er ist manchmal frech, aber ich finde _____ lieb.

～³～⁴zeigen ～³に～⁴を見せる   kräftig たくましい、力強い

● **Ben**になったつもりで、家族や友だちを紹介しましょう。

Alter （年齢）	Wie alt ...?
Beruf （職業）	Was ist ... von Beruf?
Charakter （性格・特徴）	Wie ist ...?
Eindruck （印象）	Wie findest du ...?
Hobby （趣味）	Was ist sein/ihr Hobby? Was macht er/sie gern?

●「お気に入りの～（Lieblings-）」を尋ねてみましょう。

物 *Was ist ...?*
人 *Wer ist ...?*

A: Was ist dein Lieblingsessen?   B: Mein Lieblingsessen ist ...

A: Wer ist deine Lieblingssängerin?   B: Meine Lieblingssängerin ist ...

s Essen   *r* Sport   *r* Film   *e* Musik   *s* Buch   *e* Fernsehsendung

r/e Schauspieler/in   *r/e* Sänger/in   *r/e* Sportler/in

	Sie	Partner/in	Partner/in
s Lieblingsessen			
e Lieblingssängerin			
Lieblings_____			
Lieblings_____			

56

Meine Familie

Großeltern
  Großvater
  Großmutter

Matthias (80) —— **Elke** (78)
Rentner   Rentnerin
dick   schlank
ruhig   nett

Eltern
  Vater
  Mutter

Onkel

Tante

Tobias (53) —— **Marion** (52)   **Stefan** (56) —— **Anna** (54)
Koch   Teilzeit arbeiten   Lehrer   Beamtin
fröhlich   lustig   streng   freundlich

Geschwister
  Bruder
  Schwester

Hannah (29) —— **Jonas** (25)   **Ben** (20)   **Lisa** (17)
Fotomodell   Fußballspieler   Student   Schülerin
attraktiv   optimistisch   ernst   intelligent

Kinder
  Sohn
  Tochter

Neffe

Nichte

Elias (4)   **Lea** (2)
aktiv   hübsch

Usagi (mein Kaninchen)
eigensinnig

ledig 独身である	verheiratet 結婚している
nett 感じのよい	attraktiv 魅力的な
ernst まじめな	optimistisch 楽天的な
intelligent 知的な	aktiv 活動的な
streng 厳しい	ruhig 静かな
frech 生意気な	lieb/hübsch かわいい
freundlich 親切な ⇔ unfreundlich	
langweilig 退屈な	fleißig 勤勉な
lustig 愉快な	fröhlich 陽気な
eigensinnig わがままな	

dick 太っている ⇔ schlank
groß 大きい ⇔ klein

prima / toll / klasse / super 最高

Beruf 職業 ◁ 女性形は -in

Student 学生	Schüler 生徒
Lehrer 教師	Verkäufer 販売員
Apotheker 薬剤師	Ingenieur エンジニア
Politiker 政治家	Krankenpfleger 看護師
Polizist 警官	Rentner 年金生活者

男性形／**女性形**
Angestellter*/**Angestellte*** 会社員
Friseur/**Friseuse** 理髪師・美容師
Beamter*/**Beamtin** 公務員
Arzt/**Ärztin** 医者
Koch/**Köchin** コック
Rechtsanwalt/**Rechtsanwältin** 弁護士
Selbstständiger*/**Selbstständige*** 自営業
Hausmann/**Hausfrau** 主夫・主婦

Teilzeit arbeiten パートタイムをする

前置詞・分離動詞

Wie komme ich zum Bahnhof?

1 前置詞の格支配

　前置詞が特定の格の名詞・代名詞と結びつくことを**前置詞の格支配**といいます。どんな格と結びつくのかは、それぞれの前置詞によって異なります。

① 3格と結びつく前置詞

aus ～の中から（外へ）、～出身の　　bei （人などのいる所）～のもとで、～の際に

mit ～と共に、～を用いて（手段）　　nach （中性名詞の地名・国名）へ、～のあとに

seit ～以来　　von （空間・時間）～から、～によって、～の　　zu （人・建物・催しなどのところ）～へ

mein Vater 私の父
↓
mit　mein**em** Vater　　　　　Ich fahre mit mein**em** Vater nach Berlin.
　　私の父と一緒に　　　　　　　私は私の父と一緒にベルリンへ行きます。

② 4格と結びつく前置詞

durch ～を通って、～によって　　für ～のために　　gegen ～に対して、～に反対して

ohne ～なしで　　um ～の周囲に、～時に　　bis （空間・時間）まで

ein Test テスト
↓
für　ein**en** Test　　　　　　Emma lernt fleißig für ein**en** Test.
　　テストのために　　　　　　　エマはテストのために熱心に勉強します。

nach Hause と zu Hause

Er geht zu Fuß **nach Hause**.　　Mein Vater ist heute **zu Hause**.

私は徒歩で**帰宅します**。　　　　　私の父は今日**家**にいます。

▶zu Fuß 徒歩で

CD2-20
115 **Ü1** 前置詞の格支配に合わせて下線部に適切な格語尾、（　　）には人称代名詞を入れましょう。

1) Der Lehrer kommt aus d＿＿ Klassenzimmer.　先生は教室 (s) の中から（外へ）出てきます。

2) Nach d＿＿ Unterricht gehe ich zu (　　　　).　授業 (r) の後で、私は君たちのところへ行くよ。

3) Seit ein＿＿ Woche wohne ich bei mein＿＿ Onkel.
　　　　　　　　　　　　　　　　一週間 (e) 前から私はおじ (r) のところに住んでいます。

4) Lukas geht durch d＿＿ Park nach Hause.　ルーカスは公園 (r) を通って帰宅します。

5) Ich bin gegen dein＿＿ Plan.　私は君の計画 (r) に反対です。

6) Lena arbeitet für ihr＿＿ Kinder.　レーナは彼女の子どもたち (pl.) のために働きます。

③ 3・4格と結びつく前置詞

これらの前置詞は、「場所」を示しているときは3格支配、「方向」を示しているときは4格支配になります。

an ～のきわに／へ **auf** ～の上に／へ **hinter** ～の後ろに／へ **in** ～の中に／へ **neben** ～の横に／へ

über ～の上方に／へ **unter** ～の下に／へ **vor** ～の前に／へ **zwischen** ～の間に／へ

Wo? 3格
動作の場所「どこで／に」を表す

Wo liegt das Buch?
その本はどこにありますか？

Es liegt auf dem Tisch.
それは机の上にあります。

Wohin? 4格
動作の向かう方向「どこへ／に」を表す

Wohin legst du das Buch?
君はその本をどこへ置きますか？

Ich lege es auf den Tisch.
それは机の上へ置きます。

CD2-21 116　Ü2 前置詞の格支配に合わせて下線部に定冠詞を入れましょう。

1) A: Wo liegt das Wörterbuch?
   B: Es liegt auf _____ Schreibtisch.

2) A: Wohin legst du das Wörterbuch?
   B: Ich lege es auf _____ Schreibtisch.

3) A: Wo steht der Stuhl?
   B: Er steht neben _____ Bücherregal.

4) A: Wohin stellst du den Stuhl?
   B: Ich stelle ihn neben _____ Bücherregal.

5) A: Wo hängt das Bild?
   B: Es hängt an _____ Wand.

6) A: Wohin hängst du das Bild?
   B: Ich hänge es an _____ Wand.

s Bild　_e Wand_　_s Bücherregal_　_r Stuhl_　_s Wörterbuch_　_r Schreibtisch_

liegen	（横にして）置いてある
legen	（横にして）置く
stehen	（立てて）置いてある
stellen	（立てて）置く
hängen	（ある場所に）掛かっている／（ある場所へ）掛ける

④ 前置詞と定冠詞の融合形

定冠詞と融合して短縮形を作る前置詞があります。融合形は、定冠詞に「この・その」などの指示的意味が弱いときに用いられます。

> **am** (an + dem)　**beim** (bei + dem)　**im** (in + dem)　**vom** (von + dem)
> **zum** (zu + dem)　**zur** (zu + der)
> **ans** (an + das)　**aufs** (auf + das)　**ins** (in + das)

Ich gehe **zur** Uni.　　　　　　　私は大学へ行きます。

Am Freitag gehen wir **ins** Kino.　金曜日に私たちは映画に行きます。　▶am ＋ 曜日

　　　　　　　　　　　　　　　　　　　　　　　　　　　　　　　　im ＋ 月・季節

CD2-22
117 **Ü3** （　　）に適切な融合形を入れましょう。

1) Mia geht heute (　　　) Party.　　　　　　ミアは今日パーティ (e) へ行きます。

2) (　　　　) Sonntag spielen wir Baseball.　日曜日 (r) にぼくたちは野球をします。

3) Ich nehme ein Buch (　　　) Bücherregal.　私は本棚 (s) から本を取ります。

2 分離動詞・非分離動詞

① 分離動詞

動詞の中には**前つづり**と**基礎動詞**に分離する動詞があり、これを**分離動詞**といいます。**基礎動詞は第2位**に、**前つづりは文末**に置かれます。**前つづりには必ずアクセント**があります。

前つづり 基礎動詞

aufstehen　起きる、立ち上がる

> 辞書では、**分離線**で分かれるところが示されています。
> auf|stehen

平叙文　　Er steht morgen um 6 Uhr auf.　　　彼は明日 6 時に起きます。

疑問文　　Steht er morgen um 6 Uhr auf?　　　彼は明日 6 時に起きますか？

　　　　　Wann steht er morgen auf?　　　　　彼は明日いつ起きますか？

主な分離の前つづり

ab-　an-　auf-　aus-　bei-　ein-　fest-　her-　hin-
los-　mit-　vor-　weg-　zu-　zurück-　zusammen- など

CD2-23
118 **Ü4** 与えられた分離動詞を正しい形にして下線部に入れましょう。

1) Der ICE _____ um 12 Uhr in Dresden _____. ICE は12時にドレスデンに到着する。　an|kommen

2) Ich _____ jeden Tag meine Mutter _____.　私は母に毎日電話する。　an|rufen

　　　　　　　　　　　　　　　　　　　　　　　　　　　　　　　　　　▶~⁴ an|rufen

3) Lena _____ sehr müde _____.　　　　レーナはとても疲れているように見える。　aus|sehen

4) Der Zug _____ um 10 Uhr _____.　　　電車は10時に出発する。　ab|fahren

5) _____ du am Wochenende etwas _____ ?　　週末に何か予定があるの？　　vor|haben

6) _____ Sie bitte die Tür _____ !　　ドアを開けてください！　　auf|machen

▶命令形では基礎動詞が文頭にきます。

7) Die Mutter _____ den Sohn von der Schule _____ .

母親は息子を学校まで迎えに行きます。　ab|holen

② 非分離動詞

分離しない前つづりを持つ動詞を**非分離動詞**といいます。前つづりにはアクセントがありません。

besuchen ～⁴を訪ねる、訪問する

Er besucht seine Freundin.

彼は（彼の）ガールフレンドを訪ねます。

分離しない前つづり

be-　emp-　ent-　er-
ge-　ver-　zer-　など

③ 分離・非分離動詞

durch-, über-, hinter-, um-, unter-, voll-, wider-, wieder- などの前つづりを持つ動詞は意味によって分離動詞あるいは、非分離動詞になります。

übersetzen　翻訳する

Sie übersetzt den Brief ins Japanische.

彼女はその手紙を日本語に翻訳する。

über|setzen　（船で向こう岸へ）渡す

Der Fährmann setzt mich über.

渡し守は私を向こう岸へ渡す。

CD2-24 / 119 **Ü5** 非分離動詞を下線部に正しい形にして入れましょう。

1) Noah _____ heute ein Geburtstagsgeschenk.　　bekommen

ノアは今日誕生日プレゼントをもらいます。

2) Am Samstag _____ ich meine Oma.　　besuchen

土曜日に私はおばあちゃんを訪ねます。

3) Dieses Smartphone _____ ihm.　　gehören

このスマホは彼のものです。

4) Ich _____ das Kleid mit der Kreditkarte.　　bezahlen

私はカードでそのワンピースの支払いをします。

5) Wir _____ Sie nicht.　　verstehen

私たちはあなたの言うことがわかりません。

分離動詞のように用いる表現：**不定詞** + gehen 「～しに行く」

Am Samstag gehe ich mit meiner Mutter shoppen.　土曜日に私は母とショッピングに行きます。

essen gehen　　shoppen gehen　　schwimmen gehen　　spazieren gehen

CD2-25 120 **1** 適切な前置詞を選び（　　）に入れ、ドイツ語を完成させましょう。

> aus　bei　mit　nach　seit　von　zu　für　ohne　durch

1) Kommen Sie (　　　　) Japan?　あなたは日本から来たのですか？

2) Er wohnt (　　　　) seinem Onkel.　彼は（彼の）おじさんのところに住んでいます。

3) Ich lerne (　　　　) drei Jahren Deutsch.　私は3年間ドイツ語を学んでいます。

4) (　　　　) Pause arbeitet er den ganzen Tag.　休憩なしで彼は一日中働きます。

5) Frau Schmidt kommt (　　　　) ihrer Großmutter.　シュミットさんは彼女の祖母のところに来ます。

6) Wir fahren (　　　　) der U-Bahn zur Uni.　私たちは地下鉄で大学へ行きます。

7) Sie spart (　　　　) ihre Hochzeitsreise.　彼女は彼女の新婚旅行のために貯金しています。

8) Unser Vater reist gern (　　　　) Europa.　私たちの父親はヨーロッパへ旅行するのが好きです。

9) Emma geht (　　　　) die Bachstraße.　エマはバッハ通りを通って行きます。

10) Mein Sohn kommt bald (　　　　) der Uni zurück.　私の息子はすぐに大学から帰ってきます。

CD2-26 121 **2** 次のものはどこにありますか？絵を見て下線部に前置詞と定冠詞（もしくは融合形）を入れましょう。

> an　auf　unter　über　~~vor~~　hinter　neben　zwischen　im

Beispiel　A: Wo ist der Teddybär?
　　　　　　B: Er ist <u>vor</u> <u>dem</u> Vorhang.

1) A: Wo ist die Uhr?
　 B: Sie ist ＿＿＿＿ ＿＿ Fenster.

2) A: Wo ist das iPad?
　 B: Es ist ＿＿＿＿ ＿＿ Bett.

3) A: Wo sind die Bücher?
　 B: Sie sind ＿＿ Bücherregal.

4) A: Wo hängt der Kalender?
　 B: Er hängt ＿＿＿＿ ＿＿ Tür.

5) A: Wo steht der Kleiderschrank?
　 B: Er steht ＿＿＿＿ ＿＿ Bett.

6) A: Wo ist das Wörterbuch?
　 B: Es ist ＿＿＿＿ ＿＿ Sofa.

7) A: Wo ist der Stuhl?
　 B: Er ist ＿＿＿＿ ＿＿ Schreibtisch.

8) A: Wo ist die Schere?
　 B: Sie ist ＿＿＿＿ ＿＿ Laptop und ＿＿＿＿ Drucker.

r Kalender　r Kleiderschrank　s Fenster　e Uhr　r Vorhang　s Bett　s Sofa　r Stuhl　r Laptop　r Drucker　e Tür　s Bücherregal　r Teddybär　s Wörterbuch　s iPad　e Schere　r Schreibtisch

CD2-27 122 **3** ( )に適切な冠詞を入れ、日本語に訳しましょう。

1) Ben hängt die Uhr an ( ) Wand.

2) Die Uhr hängt an ( ) Wand.

3) Wir gehen in ( ) Mensa.

4) Wir essen in ( ) Mensa.

5) Ich gehe auf ( ) Markt.

6) Ich bin jetzt auf ( ) Markt.

7) Er legt das Lehrbuch neben ( ) Etui.

8) Das Lehrbuch liegt neben ( ) Etui.

CD2-28 123 **4** ( )に適切な融合形を入れましょう。

> zur ins beim im ans

1) ( ) Sommer reise ich nach Italien. 　　夏 (r) に私はイタリアへ旅行します。

2) Am Wochenende fahren wir ( ) Meer. 　　週末に私たちは海 (s) へ行きます。

3) Lena geht nach dem Mittagessen ( ) Firma. 　　レーナは昼食のあとで会社 (e) へ行きます。

4) Ich gehe heute Abend ( ) Kino. 　　私は今晩映画 (s) を観に行きます。

5) ( ) Lesen braucht mein Vater eine Brille. 　　読書する (s) ときに私の父はめがねが必要です。
　　▶s Lesen 読書すること

CD2-29 124 **5** 動詞を正しい形にして下線部に入れましょう。

1) Der ICE _____ um 21 Uhr in Dresden _____. 　　an|kommen
　　そのICE は 21 時にドレスデンに到着します。

2) Der Professor _____ den Studenten die Relativitätstheorie. 　　erklären
　　その教授は学生たちに相対性理論を説明します。

3) _____ Ben nicht am Seminar _____? 　　teil|nehmen
　　ベンはゼミに参加しないの？

4) Sie _____ den Kindern ein Märchen. 　　erzählen
　　彼女は子どもたちに童話を話して聞かせます。

5) Wie _____ Ihnen diese Jeans? 　　gefallen
　　このジーンズ (e) はいかがですか？

6) Am Sonntag _____ Noah den Gottesdienst. 　　besuchen
　　日曜日にノアは教会のミサに出席します。

7) Mein Vater _____ in Frankfurt _____. 　　um|steigen
　　私の父はフランクフルトで乗り換えます。

8) Der Vortrag _____ um 15 Uhr _____. 　　statt|finden
　　その講演は 15 時に行われます。

6 例にならって、Noah の一日の出来事を作文しましょう。

Beispiel
A: Wann steht Noah auf?
B: Um 7 Uhr steht er auf.

um 7 Uhr 7時に
gegen 7 Uhr 7時ごろ
von 7 bis 9 Uhr 7時から9時まで
von wann bis wann 何時から何時まで

1) 8.30　　2) 8.50-12.00　　3) 12.30　　4) 17.30-22.00　　5) 23.00-1.00　　6) 1.30

an der Uni an|kommen　　die Vorlesung besuchen　　in der Mensa zu Mittag essen　　jobben　　Hausaufgaben machen　　ins Bett gehen

1) A: Wann _____? B: _____

2) A: Von wann bis wann _____? B: _____

3) A: Wann _____? B: _____

4) A: Von wann bis wann _____? B: _____

5) A: Von wann bis wann _____? B: _____

6) A: Wann _____? B: _____

7 与えられた語を使って、必要ならば変化させて作文しましょう。

1) fahren / das Motorrad / Noah / mit / zur Universität　　ノアはバイクで大学へ行きます。

_____

2) gehen / heute Abend / er / ins Kino　　彼は今晩映画を観に行きます。

_____

3) kommen / ich / zum Rathaus / wie　　市役所へはどのように行きますか？

_____

4) vom Flughafen / Mia / ab|holen / ihre Mutter　　ミアは空港に母親を迎えに行きます。

_____

5) mit|nehmen / das Buch / du　　君はその本を持っていくの？

_____

6) am Bahnhof / an|kommen / der Zug / um 18 Uhr　　その列車は18時に駅に到着します。

_____

7) empfehlen / die Lehrerin / die Schüler / der Film　　先生は生徒たち (pl.) にその映画を薦めます。

_____

8) stellen / meine Mutter / auf / eine Tasse Kaffee / der Tisch.　　私の母はコーヒーを机の上に置きます。

_____

Hören und Sprechen

♣ Auf dem Bahnhof

1 音声を聴いて、下線部に適切な語を書き入れましょう。

B: Bahnangestellte M: Mia R: Riko

R: Entschuldigung, wie komme ich _____ Museum?

B: Das ist ganz einfach. Wir sind jetzt hier und das Museum liegt _____ dem Café.
Gehen Sie zuerst diese Straße geradeaus und die dritte Straße _____ _____,
und dann gehen Sie wieder geradeaus. Dann sehen Sie das Museum auf der rechten
Seite.

M: Erst geradeaus und dann die dritte Straße links?

B: Richtig! Das Museum ist _____ _____ _____.

M: Vielen Dank!

B: Nichts zu danken! Schönen Tag!

R: Danke, gleichfalls.

2 ①の地図にある場所への道を尋ねてみましょう。また、色々な尋ね方をしてみましょう。

Wie komme ich zum/zur ... ?   Gehen Sie hier ... Zuerst ... Und dann ... Sie sehen ...

Wo ist der/das/die ... ?

Ich suche den/das/die ...

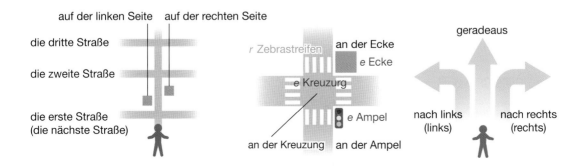

Wie spät ist es?

CD2-34
129

Wie spät ist es?

Es ist ...(Uhr).

Wie viel Uhr ist es?

Wie viel Uhr ist es jetzt?

1時／13時
offiziel   ein Uhr / dreizehn Uhr
inoffiziel eins

ヨーロッパでは4月〜10月まではサマータイムのため、1時間早くなります。

	offiziell (24Uhr)	inoffiziell (12Uhr)
6.00 Uhr	sechs Uhr	sechs (Uhr)
18.00 Uhr	achtzehn Uhr	
6.10 Uhr	sechs Uhr zehn	zehn nach sechs
6.15 Uhr	sechs Uhr fünfzehn	Viertel nach sechs
6.20 Uhr	sechs Uhr zwanzig	zehn vor halb sieben / zwanzig nach sechs
6.30 Uhr	sechs Uhr dreißig	halb sieben
6.40 Uhr	sechs Uhr vierzig	zehn nach halb sieben / zwanzig vor sieben
6.45 Uhr	sechs Uhr fünfundvierzig	Viertel vor sieben
6.55 Uhr	sechs Uhr fünfundfünfzig	fünf vor sieben

nach   〜過ぎの
vor   〜前の
halb   30分
Viertel 15分

CD2-35
130

時に関係する表現

morgens 朝に   abends 晩に   nachts 夜に   vormittags 午前(中)に   nachmittags 午後に
vorgestern 一昨日   gestern 昨日   heute 今日   morgen 明日   übermorgen 明後日

CD2-36 131 時刻表現「12時間制」

「〜分後」「〜分前」または「〜時半」という表現を用います。

vor ~分前	Es ist zehn vor vier.
nach ~分後	Es ist fünf nach elf.
Viertel 15分（4分の1）	Es ist Viertel nach zwei.
halb 30分（半分の）	Es ist halb zehn.

halb の後ろには日本語での時間の次の数字を言います。

CD2-37 132 Ordinalzahl 序数

「第4の」〜「第19の」までは基数に **-t**、「第20の〜」以上は原則として基数に **-st** を付けます。

1.	erst	11.	elft	21.	einundzwanzigst
2.	zweit	12.	zwölft	29.	neunundzwanzigst
3.	dritt	13.	dreizehnt	30.	dreißigst
4.	viert	14.	vierzehnt	40.	vierzigst
5.	fünft	15.	fünfzehnt	50.	fünfzigst
6.	sechst	16.	sechzehnt	60.	sechzigst
7.	siebt	17.	siebzehnt	70.	siebzigst
8.	acht	18.	achtzehnt	80.	achtzigst
9.	neunt	19.	neunzehnt	90.	neunzigst
10.	zehnt	20.	zwanzigst	100.	(ein)hundertst

CD2-38 133 日付・誕生日の言い方

日にちや誕生日を言う時は序数を用います。序数は形容詞変化（参照 L.10）します。

Der Wievielte ist heute?　今日は何日？
▶ wievielt 何番目の

Heute ist Montag, der erste April.

Den Wievielten haben wir heute?

(Heute haben wir) den ersten April.

Wann hast du Geburtstag?　誕生日はいつ？

Am neunten Juli (habe ich Geburtstag).

Alles Gute zum Geburtstag!

Herzlichen Glückwunsch zum Geburtstag!

Alles gute zum Geburtstag

UHRZEIT

話法の助動詞、副文

Ich kann sehr gut Ski fahren.

1 話法の助動詞

動詞の不定詞と結びつき、その動詞に「許可、可能、義務、願望」などの意味を付け加える助動詞を**話法の助動詞**といいます。話法の助動詞を用いた文では、**助動詞が定動詞の位置**に置かれ、**本動詞は不定詞のまま文末**に置かれます。

① 話法の助動詞の人称変化

	dürfen	können	müssen	sollen	mögen	wollen	möchte
ich	darf	kann	muss	soll	mag	will	möchte
du	darfst	kannst	musst	sollst	magst	willst	möchtest
er/es/sie	darf	kann	muss	soll	mag	will	möchte
wir	dürfen	können	müssen	sollen	mögen	wollen	möchten
ihr	dürft	könnt	müsst	sollt	mögt	wollt	möchtet
sie/Sie	dürfen	können	müssen	sollen	mögen	wollen	möchten

② 助動詞構文

平叙文　Er kann fließend Deutsch **sprechen**.
　　　　　　　　　本動詞は文末に不定詞で

疑問文　Kann er fließend Deutsch **sprechen**?
　　　　Wer **kann** fließend Deutsch **sprechen**?

CD2-39 134 ③ 話法の助動詞の意味

1) dürfen 〜してもよい、(否定を表す語を伴って)〜してはいけない

Darf ich dein Smartphone benutzen?　　　　君のスマートフォン使ってもいい?
Hier darfst du nicht parken.　　　　　　　君はここに駐車してはいけない。

2) können 〜できる、〜かもしれない

Er kann gut Trompete spielen.　　　　　　彼は上手にトランペットをふくことができる。
Sie kann nicht glücklich sein.　　　　　　彼女は幸せではないのかもしれない。

3) müssen 〜ねばならない、〜にちがいない、(否定を表す語を伴って)〜する必要はない

Ich muss sofort nach Hause gehen.　　　　私はすぐ帰宅しなければならない。
Er muss schon zu Hause sein.　　　　　　彼はもう家にいるにちがいない。
Heute musst du nicht kommen.　　　　　　今日君は来る必要はないよ。

4) sollen 〜すべきだ、〜だそうだ、(疑問文で)〜しましょうか?

Du sollst dein Zimmer aufräumen.　　　　君は部屋を片付けるべきだ。
Emil soll auch Japanisch sprechen.　　　　エーミールは日本語も話せるそうだ。
Soll ich das Fenster öffnen?　　　　　　　窓を開けましょうか?

5) **wollen** 〜しようと思う、（疑問文で）〜しましょうか？

    Ich will eine Diät machen.   私はダイエットするつもりだ。

    Wollen wir eine Pause machen?   休憩しましょうか？

6) **mögen** 〜かもしれない

    Du magst recht haben.   君の言う通りかもしれない。

7) **möchte** 〜したい

    Wir möchten in Deutschland studieren.   私たちはドイツに留学したい。

CD2-40 135 ü1 与えられた助動詞を正しい形にして（　　）に入れましょう。

1) Ich (　　　　　　) schon gehen.   **müssen**
   私はもう行かなければならない。

2) Sie (　　　　　　) am Freitagabend ins Fitnessstudio gehen.   **wollen**
   彼女は金曜日の晩にジムに行くつもりだ。

3) Du (　　　　　　) täglich Medikamente nehmen.   **sollen**
   君は毎日薬を飲むように言われている。

4) (　　　　　　) ich hier rauchen?   **dürfen**
   ここでたばこを吸ってもいいですか？

5) Was (　　　　　　) du trinken?   **möchte**
   （君は）何を飲みたい？

6) (　　　　　　) er gut schwimmen?   **können**
   彼は上手に泳ぐことができますか？

7) Sie (　　　　　　) krank sein.   **mögen**
   彼女は病気かもしれない。

不定代名詞 man   Mann（男性）とは異なるので注意

man は不特定の「人」を表す不定代名詞です。3人称単数扱いです。

Wo kann man Eintrittskarten kaufen?   入場券はどこで買えますか？

In der Schweiz spricht **man** auch Deutsch.   スイスではドイツ語も話されます。

CD2-41 136 ④ 不定詞を伴わない用法

助動詞のある文で**方向を表す語句**がある場合、**本動詞はよく省略**されます。

    Du musst morgen zur Uni (gehen).   君は明日大学へ行かなければならない。

    Ich will schon nach Hause (gehen).   私はもう家に帰るつもりだ。

本動詞として単独で用いられる場合もあります。

    Ich mag Filme.   私は映画が好きです。

    Ich möchte eine Tasse Tee.   私は紅茶を一杯ほしいです。

    Sie kann Deutsch.   彼女はドイツ語ができます。

2 副文（従属文）

従属の接続詞に導かれる文を**副文**（従属文）と呼びます。副文では**定動詞は文末**に置かれます。

Wir spielen draußen Fußball.	Das Wetter ist schön.
私たちは外でサッカーします。	天気がいいです。

主文	副文
Wir spielen draußen Fußball,	**wenn** das Wetter schön ist.
	天気がよければ、私たちは外でサッカーします。

副文が先行する場合、主文の定動詞は（主文の）文頭に置かれます。

副文	主文
Wenn das Wetter schön ist,	spielen wir draußen Fußball.

従属接続詞

> **wenn** もし〜であれば、〜するときに　　**weil** なぜなら〜であるから
> **dass** 〜ということ　　**ob** 〜かどうか　　**obwohl** 〜にもかかわらず

Herr Bauer kommt heute nicht, **weil** er krank ist.
バウアーさんは、病気なので今日来ません。

Ich weiß, **dass** Yuna Deutsch sprechen kann.
私は、ユナがドイツ語を話せることを知っている。

Weißt du, **ob** der Unterricht heute ausfällt?　　▶aus|fallen （催し物などが）中止になる
（君は）今日（授業が）休講かどうか知ってる？　　　分離動詞は文末で一語に

Luka geht zur Schule, **obwohl** er Fieber hat.
ルカは熱があるにもかかわらず学校へ行く。

Ü2 適切な接続詞を選び（　　）に入れましょう。

> obwohl　　wenn　　weil　　ob　　dass

1) Er geht immer zu Fuß, (　　　　　　) er ein Auto hat.
   車を持っているにもかかわらず、彼はいつも徒歩で行く。

2) Ich hoffe, (　　　　　　) wir uns bald wiedersehen.
   またじきに私たちが会えるといいね（私たちがじきにまた会うことを願う）。

3) Takeru lernt intensiv Deutsch, (　　　　　　) er in Deutschland studieren möchte.
   たけるはドイツに留学したいので、集中的にドイツ語を勉強している。

4) Weißt du, (　　　　　　) die Bibliothek heute offen ist?
   君は、図書館が今日開館しているかどうか知ってる？

5) Kommen Sie zu unserem Team, (　　　　　　) Sie Interesse haben!
   興味があれば、私たちのチームにおいでください！

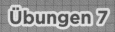

Übungen 7

CD2-43 138 **1** 日本語に合う助動詞を選び、人称変化させて（　　）に入れましょう。

1) Ich (　　　　) Lehrer werden.　　　　　　　　　müssen / möchte
   私は先生になりたい。

2) (　　　　　) du mir helfen?　　　　　　　　　　sollen / können
   君、助けてくれる（君は私を助けることができるかい）？

3) Bald (　　　　) ich umziehen.　　　　　　　　　müssen / dürfen
   もうすぐ私は引っ越さなければならない。

4) Sie (　　　　) heute nicht baden.　　　　　　　wollen / sollen
   あなたは今日入浴するべきではない（しないほうがいい）。

5) Er (　　　　) ein Genie sein.　　　　　　　　　müssen / möchte
   彼は天才にちがいない。

6) Der Kommentator (　　　　) recht haben.　　　　mögen / wollen
   コメンテーターの言う通りかもしれない。

7) Wo (　　　　) du ein Praktikum machen?　　　　können / möchte
   君はどこで（企業）実習をしたいの？

8) (　　　　) ich hier parken?　　　　　　　　　　mögen / dürfen
   （私は）ここに駐車してもいいですか？

CD2-44 139 **2** 与えられた助動詞を使って文章を書き換えましょう。

1) Sabine fährt gut Snowboard.　　　　　　　　　**können**
   _____
   ザビーネは上手にスノーボードをすることができる。

2) Stehst du morgen um 6 Uhr auf?　　　　　　　　**müssen**
   _____
   君は明日6時に起きなければならないの？

3) Er ist schwer krank.　　　　　　　　　　　　　**sollen**
   _____
   彼は重い病気だそうです。

4) Was studierst du an der Universität in Heidelberg?　**wollen**
   _____
   君はハイデルベルクの大学で何を勉強するつもりなの？

5) Seine Schwester ist etwa 30 Jahre alt.　　　　　**mögen**
   _____
   彼のお姉さんはおよそ30歳ぐらいでしょう。

6) Im Kino telefoniert man nicht.　　　　　　　　**dürfen**
   _____
   映画館で電話をしてはいけません。

7) Du kommst nicht mit.　　　　　　　　　　　　**müssen**
   _____
   君は一緒に来る必要はない。

8) Trinken Sie Kaffee?　　　　　　　　　　　　　**möchte**
   _____
   コーヒーが飲みたいですか？

LEKTION 7

71

3 写真やイラストを参考に、 から適切な語句を選んで作文しましょう。6) は、考えて入れましょう。

> Krafttraining machen   Kaffee trinken   eine Bademütze tragen
> laut sprechen   Lebensmittel kaufen

1) A: Was kann man im Supermarkt machen?

   B: Im Supermarkt _____.

2) A: Was muss man im Schwimmbad machen?

   B: Im Schwimmbad _____.

3) A: Was kann man im Café machen?

   B: Im Café _____.

4) A: Was kann man im Fitnessstudio machen?

   B: Im Fitnessstudio _____.

5) A: Was darf man im Kino nicht machen?

   B: Im Kino _____.

6) A: Was darf man im Unterricht nicht machen?

   B: Im Unterricht _____.

4 与えられた語を使って、必要ならば変化させて作文しましょう。

1) öffnen / ich / das Fenster / dürfen

   窓を開けてもいいですか？

   _____

2) nach / Hause / müssen / ich / sofort / gehen

   私はすぐに家に帰らなければならない。

   _____

3) unbedingt / sie / heiraten / Johann / möchte

   ヨハンはどうしても彼女と結婚したい。
   ▶ ~⁴ heiraten　~⁴と結婚する

   _____

4) müssen / sein / der Lehrer / jetzt / böse

   先生は今怒っているにちがいない。

   _____

5) kommen / wann / ich / sollen

   いつ行けばいいですか？

   _____

6) wollen / mit / das Fahrrad / zur Universität / du / fahren

   君は自転車で大学へ行くつもり？

   _____

CD2-47 142　**5**　接続詞を用いて次の2つの文をつなげましょう。

1) Wollen wir Eis essen gehen?　Du hast Lust.

　　――――――――――――――――――――, wenn ―――――――――――――――――――

　　（君が）よかったら、アイスを食べに行きませんか？

2) Der Arzt sagt.　Ich soll dreimal täglich Medikamente nehmen.

　　――――――――――――――――, dass ――――――――――――――――――――――

　　私は毎日3回薬を飲むように医者に言われている。

3) Meine Kollegin ist sehr müde.　Sie arbeitet noch.

　　Obwohl ―――――――――――――――――――――――, ――――――――――――――――――

　　私の同僚はとても疲れているにもかかわらず、まだ働いている。

4) Können Sie mir sagen?　Das Essen enthält Eier.　▶~⁴ enthalten　~⁴含む

　　――――――――――――――――――――, ob ――――――――――――――――――――

　　そのお料理に卵が入っているか教えていただけますか？

5) Meine Schwester joggt jeden Tag.　Sie möchte fit bleiben.　▶fit bleiben　体調を良好に保つ

　　――――――――――――――――――――, weil ―――――――――――――――――――

　　私の姉は体調を保ちたいので、毎日ジョギングする。

6) Ich stehe morgen früh auf.　Ich komme auch mit.

　　Wenn ――――――――――――――――――――, ―――――――――――――――――――――

　　（私は）明日早く起きたら、私も一緒に行きます。

CD2-48 143　**6**　適切な接続詞を用いて、文を完成させましょう。

dass　~~weil~~　ob　obwohl　wenn

Beispiel　Sofia geht heute nicht zur Universität, <u>weil sie heute keinen Unterricht hat.</u>

1) Kannst du mir sagen, ――――――――――――――――――――――

2) Der Arzt sagt mir, ――――――――――――――――――――――

3) Die Kinder spielen draußen Rugby, ――――――――――――――――

4) Ben besucht seine Großeltern, ―――――――――――――――――――

Er hat Zeit.　　Ich soll heute im Bett bleiben.　　Die Mensa ist heute offen.
Es regnet stark.　　~~Sie hat heute keinen Unterricht.~~

▶es regnet　雨が降る

CD2-49 / 144 **1** 音声（1〜2）を聴いてチェックしましょう。

CD2-50 / 145 Was kann Mia/Noah machen?

 ◎ sehr gut / toll / super   ○ gut   △ nicht so gut   × gar nicht

	Mia	Noah	Sie	Partner/in
schwimmen				
singen	◎			
tanzen				
Ski fahren				
Englisch sprechen				
Auto fahren				

CD2-51 / 146 次の会話を参考に、パートナーと確認しましょう。

A: Schwimmt Ben gut?   B: Ja, er kann sehr gut schwimmen.

B: Na ja, er kann nicht so gut schwimmen.

B: Nein, er kann gar nicht schwimmen.

 パートナーにも尋ねてみましょう。

A: Fährst du gut Auto?   B: Ja, ich kann sehr gut Auto fahren.

B: Na ja, ich kann nicht so gut Auto fahren.

B: Nein, ich kann gar nicht Auto fahren.

Fahrrad / Motorrad / Snowboard   fahren

Judo / Karate / Yoga   machen

Golf / Baseball / Krocket / Hockey

Klavier / Trompete / E-Gitarre

Schach / Shogi spielen

kochen   Kuchen backen   malen   fotografieren

注文する・支払う ♣ Im Café

CD2-52 147 **2** 音声を聴いて、会話を完成させましょう。

K: Kellner M: Mia R: Riko

K : _____ bekommen Sie, bitte?（Was darf es sein?）

M: Ich _____ einen Cappuccino. Und du Riko?

R : Ich _____ ein Stück Sachertorte und einen Kaffee, bitte.

K : Mit Sahne?

R : Mit Sahne, bitte!

K : Gerne!

M: Zahlen bitte! _____ ich dich einladen, Riko?

R : Danke schön!

K : Zusammen oder getrennt?

M: Zusammen bitte!

K : Das _____ 11 Euro 50.

M: [13 Euro zahlen] Stimmt so.

K : Danke schön! Schönen Tag noch!

M: Danke, gleichfalls!

> 注文するとき（～がほしい）
>
> Ich | möchte ～
> | nehme ～
> | hätte gern ～
> （参照 S.111）

einladen 招待する
(Zahlen Sie) zusammen oder getrennt?
ご一緒ですか、別々ですか？
Stimmt so.
（13ユーロ渡して）おつりはとっておいてください
Schönen Tag noch! 良い一日を！
gleichfalls 同様に（あなたも）

チップ (s Trinkgeld)
A: Das macht 11 Euro 50.
B: 13 Euro, bitte.　13ユーロでお願いします。
20ユーロ紙幣を渡し、チップを含んだ金額を指定して支払うことも

CD2-53 148 **3** Dialog を参考に、注文・支払いをしてみましょう。

Apfelstrudel 4,60€　Prinzregententorte 4,60€　Sachertorte 4,80€　Tiramisu 4,90€

Alkoholische Getränke					
s Bier	0,33 ℓ	3,20 €	r Rotwein	0,2 ℓ	4,80 €
e Weinschorle	0,4 ℓ	5,10 €	r Weißwein	0.2 ℓ	4,80 €

Alkoholfreie Getränke				
s Mineralwasser	0,25 ℓ	2,70 €	r Espresso	3,10 €
r Apfelsaft	0,2 ℓ	3,40 €	r Kaffee (Tasse)	3,20 €
r Orangensaft	0,2 ℓ	3,40 €	r Cappuccino	3,50 €
r/e Spezi	0,2 ℓ	3,30 €	r/e Latte macchiato	3,70 €
e Cola	0,2 ℓ	3,30 €	r Tee	3,40 €
			r Eiskaffee	4,30 €

金額
1€ ein **Euro**　19€ neuzehn **Euro**　0,70€ siebzig Cent
36, 50€ sechsunddreißig Euro fünfzig (**Cent**)　小さい方の単位（Cent）は読まない

動詞の三基本形・過去形・完了形

Was hast du in den Winterferien gemacht?

1 動詞の三基本形

動詞の**不定詞**・**過去基本形**・**過去分詞**は、動詞変化の基礎となる重要な形で**動詞の三基本形**と呼ばれます。過去基本形、過去分詞の変化のタイプによって、**規則動詞**と**不規則変化動詞**に分けられます。

① 規則動詞の三基本形（弱変化）

不定詞	過去基本形	過去分詞
語幹 en/n	語幹 te	ge 語幹 t
machen	machte	gemacht
arbeiten	arbeitete	gearbeitet

> 語幹が -d, -t などで終わる動詞は語尾の前に -e- をつけます。

② 不規則変化動詞の三基本形（強変化）

不定詞	過去基本形	過去分詞
語幹 en/n	▲	ge ▲ en
kommen	kam	gekommen
gehen	ging	gegangen

③ 不規則変化動詞の三基本形（混合変化）

不定詞	過去基本形	過去分詞
語幹 en/n	▲ te	ge ▲ t
denken	dachte	gedacht
wissen	wusste	gewusst

④ sein / haben / werden

不定詞	過去基本形	過去分詞
sein	war	gewesen
haben	hatte	gehabt
werden	wurde	geworden

> **werden** は動詞「〜になる」の過去分詞 **geworden** の他に、助動詞として用いられる場合の **worden** があります。

⑤ 分離動詞／非分離動詞／ -ieren

不定詞	過去基本形	過去分詞
auf|machen	machte ... auf	aufgemacht
besuchen	besuchte	▲ besucht
studieren	studierte	▲ studiert

CD2-54 / 149 **Ü1** 動詞の三基本形を書きましょう。

不定詞	lernen	spielen	warten	fahren	bringen	auf|stehen	versprechen
過去基本形	_____	_____	_____	_____	_____	_____	_____
過去分詞	_____	_____	_____	_____	_____	_____	_____

過去の表現

　過去の出来事を表現する場合、ドイツ語では過去形、現在完了形のどちらも用いられます。過去形は、主に小説・新聞記事など「書きことば」で用いられます。ただし、**sein, haben, 話法の助動詞**では「話しことば」でも過去形がよく用いられます。

過去の人称変化

不定詞		machen	sein	haben	können
過去基本形		machte	war	hatte	konnte
ich	—	machte	war	hatte	konnte
du	—st	machtest	warst	hattest	konntest
er	—	machte	war	hatte	konnte
wir	—en/n	machten	waren	hatten	konnten
ihr	—t	machtet	wart	hattet	konntet
sie / Sie	—en/n	machten	waren	hatten	konnten

Am Sonntag war ich zu Hause.　　　日曜日に私は家にいました。

Mein Kind hatte Fieber.　　　私の子どもは熱があった。

Wir wollten das Schloss besuchen.　私たちはその城を訪れるつもりだった。

CD2-55
150

Ü2　下線部に動詞を過去形にして入れましょう。

1) Früher _____ mein Großvater bei der Bahn.　　　　　arbeiten
   昔、私の祖父は鉄道に勤めていました。

2) Mein Flugzeug _____ Verspätung.　　　　　haben
   私の飛行機が遅れてしまいました。

3) Noah _____ seiner Freundin einen Blumenstrauß _____.　　mit|bringen
   ノアは恋人に花束を持ってきました。

4) A: Wo _____ ihr gestern?　　B: Wir _____ zu Hause.　　sein/sein
   君たちは昨日はどこにいたの？　　　　私たちは家にいたよ。

5) Als ich Kind _____, _____ mein Vater oft mit mir.　　sein/spielen
   私が子どもだったころ、父はよく私と遊んでくれた。　　　　　▶als …したとき（従属接続詞）

6) Damals _____ mein Bruder in München Jura.　　　　studieren
   当時、私の兄はミュンヘンの大学で法学を学んでいました（専攻していました）。

7) Was _____ du am Wochenende?　　　　machen
   君は週末何をしたの？

8) Michaela _____ gestern in Berlin _____.　　　　an|kommen
   ミヒャエラは昨日ベルリンに到着しました。

3 現在完了形

　現在あるいは過去のある時点から振り返って「過去の出来事」を述べる際、現在完了形が用いられます。過去形が主に「書きことば」で用いられるのに対し、現在完了形は「話しことば」で多く用いられ、生き生きとした表現になります。

① 現在完了形

　現在完了形は haben または sein の人称変化形と過去分詞で作ります。haben または sein の人称変化形が定動詞の位置に、過去分詞が文末に置かれます。

> haben / sein ....　過去分詞

Ich **habe** am Sonntag den ganzen Tag **geschlafen**.
私は日曜日に一日中**寝ていました。**

Nach dem Unterricht **sind** wir ins Kino **gegangen**.
授業の後、私たちは映画を観に（映画館に）**行きました。**

1) haben を用いる場合

・すべての他動詞（4 格目的語をとる動詞）
・自動詞の大部分

Er **hat** gestern ein Referat **geschrieben**.
彼は昨日レポート**書きました。**

Ich **habe** gestern mit ihr **telefoniert**.
私は昨日彼女と電話で**話しました。**

haben			
ich	habe	wir	haben
du	hast	ihr	habt
er	hat	sie/Sie	haben

🔑

他動詞：目的語（4 格）をとる動詞
　Ich **kaufe** einen Laptop.

自動詞：目的語（4 格）をとらない動詞
　Ich **gehe** heute ins Kino.

2) sein を用いる場合

・場所の移動を表す自動詞
・状態の変化を表す自動詞
・sein, bleiben, begegnen など

Er **ist** gestern nach Berlin **gefahren**.
彼は昨日ベルリンへ**行きました。**

Sie **ist** heute um 6 Uhr **aufgestanden**.
彼女は今日 6 時に**起きました。**

Wir **sind** drei Wochen in Wien **geblieben**.
私たちは 3 週間ウィーンに**滞在しました。**

sein			
ich	bin	wir	sind
du	bist	ihr	seid
er	ist	sie/Sie	sind

🔑

迷ったら辞書で確認しましょう！
sein を用いる動詞　　(s)/(完了 sein)
haben を用いる動詞　(h)/(完了 haben)

78

② 疑問文・副文の語順

1) 疑問文

Hat er gestern ein Referat geschrieben?　　彼は昨日レポートを書きましたか？
Wann hat er ein Referat geschrieben?　　彼はいつレポートを書きましたか？

2) 副文

Ich weiß nicht, ob er ＿＿＿＿ schon ein Referat geschrieben **hat**.

私は彼がもうレポートを書いたかどうか知らない。

ü3　CD2-56 151　(　　)に haben または sein の人称変化形を入れ、日本語に訳しましょう。

1) Ich (　　　) gestern nach Rothenburg gefahren.

2) Was (　　　) du in den Winterferien gemacht?

3) (　　　) Sie schon den Roman gelesen?

4) Riko (　　　) heute sehr spät aufgestanden.

5) (　　　) ihr euch den Film „Er ist wieder da" angesehen?　▶„Er ist wieder da" 『帰ってきたヒトラー』

6) Am Wochenende (　　　) wir zu Hause geblieben.

発売中『帰ってきたヒトラー』
価格：￥1,143（税抜）／ 発売・販売元：ギャガ
©2015 Mythos Film Produktions GmbH & Co. KG Constantin
Film Produktion GmbH Claussen & Wöbke & Putz
Filmproduktion GmbH

CD2-57 152

話法の助動詞の三基本形

不定詞	dürfen	können	müssen	sollen	mögen	wollen
過去基本形	durfte	konnte	musste	sollte	mochte	wollte
過去分詞	dürfen	können	müssen	sollen	mögen	wollen

過去形

Mein Bruder konnte damals sehr gut Deutsch sprechen.
私の兄は当時とても上手にドイツ語を話すことができました。

Ich musste gestern ein Referat schreiben.
私は昨日レポートを書かなければならなかった。

＊助動詞を本動詞として用いる場合の現在完了形

Ich habe als Kind Schokolade **gemocht**.
私は子どものころチョコレートが好きだった。└── mögen の過去分詞 (本動詞)

Er hat früher Englisch **gekonnt**.
彼は以前は英語ができた。└── können の過去分詞 (本動詞)

CD2-58 153 **1** （　　）に適切な動詞を過去形にして入れましょう。

1) Ich (　　　) damals eine Freundin. Aber jetzt habe ich keine Freundin.

　　私には当時ガールフレンドがいました。でも今は（ガールフレンドが）いません。

2) Vor zehn Jahren (　　　) meine Tochter zur Grundschule. Jetzt geht sie zur Universität.

　　10年前、私の娘は小学校に通っていました。今は大学に通っています。

3) Damals (　　　) Ben nicht so viel. Aber jetzt lernt er viel.

　　当時、ベンはあまり勉強しませんでした。でも今は（彼は）たくさん勉強しています。

4) Letztes Jahr (　　　) wir hart. Aber dieses Jahr arbeiten wir nicht.

　　昨年、私たちは懸命に働きました。でも今年は働いていません。

5) Gestern (　　　) ich viel Schokolade. Heute esse ich keine Schokolade.

　　昨日、私はたくさんチョコレートを食べました。今日はチョコレートを食べません。

6) Letzte Woche (　　　) mein Kind früh auf. Aber diese Woche steht es spät auf.

　　先週、私の子どもは早起きしました。でも今週は遅く起きています。

7) Vor zwanzig Jahren (　　　) ich Bankangestellte. Aber jetzt bin ich Lehrerin.

　　20年前、私は銀行員でした。でも今私は教師です。

8) Früher (　　　) mein Sohn oft zu mir. Aber jetzt kommt er nicht so oft zu mir.

　　以前、私の息子はよく私のところに来ました。でも今はあまり来ません。

CD2-59 154 **2** 次の物語の下線部分を過去形にして、物語の順に並べましょう。また、タイトルを考えましょう。

[a] → [　　　] → [　　　] → [　　　] → [　　　] → [f]

Titel _____

a) Das Ehepaar <u>hat</u> einen Jungen und ein Mädchen.　　　_____hatte_____

b) Die Kinder <u>kommen</u> zu einem Haus.　　　_____

c) Die Eltern <u>führen</u> die Kinder in den Wald und <u>lassen</u> sie dort.　　　_____/_____

d) Sie <u>wandern</u> lange im Wald.　　　_____

e) Die Kinder <u>können</u> den Heimweg nicht finden.　　　_____

f) Das Haus <u>ist</u> aus Brot und Kuchen.　　　_____

CD2-60 155 **3** 与えられた単語を使って、必要ならば変化させて過去形で作文しましょう。

1) wir / stundenlang / gestern Abend / fern|sehen　昨晩、私たちは何時間もテレビを見た。

_____

2) ihr / schon einmal / sein / in Deutschland　君たちはドイツに行った（いた）ことがある？

_____

3) du / haben / ein Porsche　君はポルシェ (r) を持っていたの？

_____

4) am Wochenende / Snowboard / er / fahren　週末、彼はスノーボードをしました。

_____

5) ich / mein Bruder / unsere Eltern / schreiben / ein Brief / und　私と弟は両親に手紙 (r) を書いた。

_____

6) müssen / gestern / zum Rathaus / ich / gehen　昨日、私は市役所へ行かなければならなかった。

_____

CD2-61 156 **4** （　　）に haben または sein の人称変化形を、下線部には与えられた動詞を過去分詞にして入れて、現在完了形の文を作りましょう。

1) Sie (　　　　) damals oft elektrische Gitarre _____.　spielen
彼女は当時よくエレキギターを弾いた。

2) Mozart (　　　) jung _____.　sterben
モーツァルトは若くして亡くなりました。

3) Wie lange (　　　) Sie gestern _____?　schlafen
あなたは昨日何時間寝ましたか？

4) Heute (　　　) wir das Schloss Neuschwanstein _____.　besuchen
今日、私たちはノイシュヴァンシュタイン城を訪れました。

5) Am Montag (　　　) meine Freundin zu mir _____.　kommen
月曜日にガールフレンドが私のところに来ました。

6) Gestern (　　　) ich im Kaufhaus ein Kleid _____.　kaufen
昨日、私はデパートでワンピースを買いました。

7) (　　　) er in Düsseldorf _____?　arbeiten
彼はデュッセルドルフで働いていたのですか？

8) Der ICE nach Berlin (　　　) schon um 7 Uhr _____.　ab|fahren
そのベルリン行きの ICE は、すでに7時に出発しました。

5 Noah の1日について、現在完了形の文章で書きなおしましょう。

Beispiel Um 7.30 Uhr frühstückt Noah. → Um 7.30 Uhr hat Noah gefrühstückt.

7.00　　　　　　7.30　　　　　9.00-12.00　　　　12.10

13.00-15.30　　　16.00-22.00　　　22.30　　　　23.30

1) Noah steht um 7 Uhr auf.　　　_____

2) Von 9 bis 12 Uhr besucht er zwei Vorlesungen.　_____

3) Um 12.10 Uhr isst er in der Mensa zu Mittag.　_____

4) Von 13 Uhr bis 15.30 Uhr lernt er in der Bibliothek.　_____

5) Von 16 bis 22 Uhr jobbt er in einem Restaurant.　_____

6) Um 22.30 Uhr kommt er nach Hause zurück.　_____

7) Gegen 23.30 Uhr geht er ins Bett.　_____

6 sein または haben を補って、完了形の文章を作りましょう。

1) wohin / du / in den Winterferien / reisen　　　冬休みに君はどこへ旅行したの？

_____

2) im September / das Wintersemester / an|fangen / schon　冬学期はすでに9月に始まった。

_____

3) das Kind / ein Geschenk / bekommen / zu Weihnachten
その子どもはクリスマスにプレゼント (s) をもらった。

_____

4) werden / mein Sohn / Arzt　　　私の息子は医者になった。

_____

5) an|kommen / in München / der Bus / um 17 Uhr　そのバスは17時にミュンヘンに到着しました。

_____

6) das Konzert / beginnen / um 19 Uhr　　　そのコンサートは19時に始まった。

_____

Hören und Sprechen

CD2-64 159 **1** 音声を聴いて、下線部に動詞を書き入れましょう。

Dialog 1

B: Ben R: Riko

B: Sag mal, Riko. Was _____ du in den Winterferien _____?

R: Ich _____ nach Japan _____. Und ich _____ Neujahrskarten _____.
Am 1. Januar _____ ich mit meinen Freunden einen Schrein _____.

B: Warum?

R: In Japan besucht man meistens zu Neujahr einen Schrein. Und da zieht man sich oft
„ein Omikuji". Diesen ersten Schreinbesuch nennt man „Hatsumode".

B: Sehr interessant!

e Neujahrskarte 年賀状   am 1. (= ersten) Januar 1月1日に
r Schrein 神社   diesen ersten Schreinbesuch 神社へのこの初参拝のことを

CD2-65 160 **Dialog 2**

B: Was _____ du sonst noch _____?

R: Ich _____ meine Großmutter _____ und von ihr Taschengeld für das
Neujahr bekommen. Wir nennen es „Otoshidama". Und du?

B: Ich _____ mit Mia auf einen Weihnachtsmarkt _____. Da _____ wir
Glühwein _____. Und zu Silvester _____ ich das Feuerwerk _____.

R: Schön!

r Weihnachtsmarkt クリスマスの市
r/s Silvester 大みそか
s Feuerwerk 花火

CD2-66 161 **2** ①の会話について、パートナーと会話しましょう。

A: Wohin ist Riko in den Winterferien gefahren?   B: In den Winterferien ...

A: Was hat Riko in den Winterferien gemacht?   B: In den Winterferien ...

A: Was hat Riko noch gemacht?   B: In den Winterferien ...

A: Was hat Ben in den Winterferien gemacht?   B: Ben hat ...

 ①の会話を参考にして、週末や休日にしたことについてパートナー
に尋ねてみましょう。

A: Was hast du am Wochenende gemacht?

B: Am Wochenende habe ich meine Freunde getroffen.

> zu Weihnachten
> in den Winterferien
> zu Silvester
> zu Neujahr

zu 不定詞句・再帰代名詞と再帰動詞

Hast du Lust, ins Kino zu gehen?

1 zu 不定詞句

動詞の不定詞の前に **zu** を置いたものを **zu 不定詞**といい、それを含む句を **zu 不定詞句**といいます。

zu 不定詞	**zu lernen** 学ぶこと 不定詞	

zu 不定詞句	**fleißig Deutsch zu lernen** 熱心にドイツ語を学ぶこと zu 不定詞は句の最後に置かれます

① zu 不定詞句の用法

1) 主語や述語として

Mit dir Deutsch zu lernen macht mir Spaß. 君とドイツ語を学ぶことは楽しい。

= Es macht mir Spaß, **mit dir Deutsch zu lernen**.

📌 zu 不定詞句はコンマで区切ることがあります。

主語や述語となる zu 不定詞句は es で置き換えることができます。

Mein Wunsch ist, **nach Europa zu reisen**. 私の望みはヨーロッパへ旅行することです。

= Mein Wunsch ist (es), nach Europa zu reisen.

2) 目的語として

Oliver verspricht seiner Mutter, **morgen früh aufzustehen**.
オリバーは明日早起きすることを母親に約束する。

📌 分離動詞は、前つづりと基礎動詞部分の間に zu が入ります。
aufzustehen

3) 名詞の修飾語として

Hast du Zeit, **ins Kino zu gehen**? (君は)映画に行く時間がある？
└── 前の名詞を説明する

4) 副詞句として

um ... zu 不定詞　　　　Er spart Geld, **um Mia zu heiraten**.
〜するために　　　　　　　彼はミアと結婚するためにお金を貯める。

(an)statt ... zu 不定詞　Ich schreibe ihm eine E-Mail, **statt ihn anzurufen**.
〜する代わりに　　　　　　私は彼に電話する代わりにメールを書く。

ohne ... zu 不定詞　　　Julia verlässt ihn, **ohne ein Wort zu sagen**.
〜することなしに　　　　　ユリアは一言も言わずに（言うことなしに）彼のもとを去る。

CD2-67 162 **Ü1-1** 次の語句を **zu** 不定詞句にしましょう。

1) ihre Freundin ab|holen _____

2) dich bald sehen _____

3) mit dem Fahrrad fahren _____

4) Astronaut werden _____

5) heute Abend ins Theater gehen _____

CD2-68 163 **Ü1-2** **Ü1-1** の **zu** 不定詞句から意味の合うものを選び、文を完成させましょう。

1) Ich hoffe, _____.
   私は君に近いうちに会いたいな（近いうちに君に会うことを望む）。

2) Finn geht zu Fuß, statt _____.
   フィンは、自転車で行く代わりに徒歩で行く。

3) Hast du Lust, _____?
   （君は）今晩芝居を見に行く気がある？

4) _____ ist sein Traum.
   宇宙飛行士になることが彼の夢だ。

5) Sie fährt zum Flughafen, um _____.
   彼女は、（彼女の）友達を迎えるために空港へ行きます。

② **zu** 不定詞のその他の用法

1) sein ... zu 不定詞

● ～されうる（受動の可能性）

Diese Aufgabe ist leicht zu lösen.　この問題は簡単に解くことができる。

● ～されなければならない（受動の義務）

Diese Uhr ist sofort zu reparieren.　この時計はすぐに修理されなければならない。

2) haben ... zu 不定詞　～しなければならない

Er hat noch zu arbeiten.　　　　　彼はまだ仕事をしなければならない。

＊viel, nichts とともに

Meine Mutter hat viel zu tun.　私の母はすることがたくさんある（＝忙しい）。

Wir haben nichts zu essen.　私たちは食べるものが何もない。

CD2-69 164 **Ü2** （　　）に **sein** あるいは **haben** を適切な形にして入れましょう

1) Diese Frage (　　　　　) schwer zu beantworten.　この問題に答えるのは難しい。

2) Ich (　　　　) noch viel zu lernen.　私はまだ学ぶべきことがたくさんある。

3) Der Eintritt (　　　　　) am Eingang zu bezahlen.　入場料は入口で支払われなければならない。

4) Riko (　　　　) noch zwei Tests zu schreiben.　リコはまだ2つのテストを書かなければならない。

① 再帰代名詞

文の中で主語と同じものを表す代名詞を**再帰代名詞**と呼びます。再帰代名詞には、4格「**自分自身を**」、3格「**自分自身に**」の形があります。1人称、2人称は人称代名詞と同じ形ですが、3人称と2人称敬称は sich という形を使います。

| | 単数 | | | 複数 | | | 敬称 |
	1人称	2人称	3人称	1人称	2人称	3人称	2人称
1格（は・が）	ich	du	er/es/sie	wir	ihr	sie	Sie
3格（に）	mir	dir	sich	uns	euch	sich	
4格（を）	mich	dich					

sich は2人称敬称に使われるときも小文字です。

4格「自分自身を」

Er wäscht **sich**.
彼は自分自身（の体）を洗う。

Er wäscht ihn.
彼は彼（主語とは別の人の体）を洗う。

3格「自分自身に」

Sie kauft **sich** einen Kuchen.
彼女は自分（用）にケーキを買う。

Sie kauft ihr einen Kuchen.
彼女は彼女（主語とは別の人）にケーキを買う。

CD2-70
165

② 再帰動詞

再帰代名詞を伴って自動詞的な意味を表す動詞を**再帰動詞**といいます。

sich⁴ setzen
座る

Mein Vater setzt sich auf das Sofa.
私の父はソファに座る。

sich³ ～⁴ an|sehen
～⁴ を（関心を持って）見る

Ich sehe mir gerne Gemälde an.
私は絵を見るのが好きだ。

sich⁴ vor|stellen
自己紹介する

Er stellt sich vor.
彼は自己紹介する。

sich³ ～⁴ vor|stellen
～⁴ を思い浮かべる、想像する

Kannst du dir deine Zukunft vorstellen?
君は（君の）将来を想像することができる？

sich³ ～⁴ merken
～⁴ を覚えておく

Ich merke mir deine Handynummer.
（私は）君の携帯番号を覚えておくよ。

sich⁴ über ～⁴ ärgern
～⁴ に腹を立てる

Sie ärgert sich über ihren Freund.
彼女は（彼女の）ボーイフレンドに腹を立てている。

sich⁴ auf ～⁴ freuen
～⁴ を楽しみにしている

Wir freuen uns auf Weihnachten.
私たちはクリスマスを楽しみにしている。

sich⁴ über ~⁴ freuen
~⁴ を喜ぶ

Meine Tochter freut sich über die Weihnachtskarte.
私の娘はそのクリスマスカードを喜んでいる。

sich⁴ an ~⁴ erinnern
~⁴ を思い出す / 覚えている

Ich erinnere mich gut an meine Großeltern.
私は（私の）祖父母のことをよく覚えている。

sich⁴ für ~⁴ interessieren
~⁴ に興味がある

Interessierst du dich für Sport?
君はスポーツに興味がある？

Ü3　正しいものを選びましょう。

1) Der Lehrer setzt sich / ihn auf die Bank.　　　　先生は彼をベンチに座らせる。

2) Felix setzt sich / ihn auf die Bank.　　　　　　フェリックスはベンチに座る。

3) Frau Grünemeyer kauft sich / ihr ein iPad.　　　グリューネマイヤーさんは（自分用に）iPad を買う。

4) Sie kauft sich / ihr ein iPad.　　　　　　　　　彼女は彼女（主語とは別の人）に iPad を買う。

5) Sofia stellt sich / mich seinem Vater vor.　　　　ゾフィアは私を彼の父親に紹介する。

6) Ich stelle sich / mich vor.　　　　　　　　　　　私は自己紹介する。

Was machst du?

sich⁴ schminken　　　sich⁴ rasieren　　　sich⁴ anziehen　　　sich⁴ ausziehen

Ich schminke mich.　　Er rasiert sich.　　Sie zieht sich an.　　Ich ziehe mich aus.

体の部位を表す名詞とともに

　再帰代名詞の3格は「自分自身に・自分自身のために」という意味を表すほか、体の部位を表す名詞とともに用いられて「自分の」（所有者）という意味を表します。

sich³ die Zähne putzen　　　　　　　sich³ die Hände waschen

Ich putze mir die Zähne.　　　　　　Er wäscht sich die Hände.
私は（自分の）歯をみがく。　　　　　　彼は（自分の）手を洗う。

CD2-73 168 **1** 適切なものを選び、zu 不定詞句にして下線部に入れましょう。

> schwimmen gehen   früh nach Hause zurück|kommen   Konditorin werden
>
> mit dir aus|gehen   seine Mitschülerin besuchen   vorher Deutsch lernen

1) Hast du Zeit, _____?   泳ぎに行く時間ある？

2) Alex fährt nach Berlin, um _____.
   アレックスは（彼の）同級生（e）を訪問するためにベルリンへ行く。

3) Ich habe keine Zeit, _____.   君と出かける時間はないよ。

4) Er hat vor, _____.   彼は早く帰宅するつもりです。

5) Mein Traum ist, _____.   私の夢は、お菓子屋さんになることです。

6) Yuna fährt nach Deutschland, ohne _____.
   ユナはドイツ語を学ばないで（勉強することなく）ドイツへ行く。

CD2-74 169 **2** 例にならって会話文を完成させましょう。

Beispiel   A: Am Wochenende gehen wir ins Museum.

Hast du Lust, <u>am Wochenende ins Museum zu gehen</u>?

B1: Ja, gern(e).   B2: Nein, ich habe keine Lust/Zeit.

B3: Lust habe ich schon, aber ...

1) A: Am Freitag spielen wir Lacrosse.

   Hast du Lust, _____?

   B: Nein, ich habe keine Zeit.

2) A: Am Mittwoch geht meine Familie ans Meer campen.

   Hast du Lust, _____?

   B: Ja, gern(e).   ▶ ans Meer campen gehen   海辺にキャンプに行く

3) A: In den Winterferien laufe ich Schlittschuh.

   Hast du Lust, _____?

   B: Nein, ich habe keine Lust.

4) A: Morgen gehen wir shoppen.

   Hast du Lust, _____?

   B: Lust habe ich schon, aber ich habe leider keine Zeit.

5) A: Am Wochenende besuchen wir ein Konzert von Mark Forster.

   Hast du Lust, _____?

   B: Sehr gern(e)!

CD2-75 170 **3** 与えられた語を使って、必要ならば変化させて作文しましょう。

1) gefährlich / sein / zu / dieser Fluss / in / schwimmen / es　　この川で泳ぐのは危険だ。

   Es _____

2) ein|kaufen / zu / keine Zeit / ich / haben　　私は買い物をする時間がない。

   _____

3) verbieten / in / dieses Zimmer / ich / meine Frau / zu / rauchen

   私の妻は、（私が）この部屋でたばこを吸うことを禁じる。　　▶verbieten　〜³に〜⁴を禁じる

   _____

4) empfehlen / dieses Buch / die Schüler / lesen / zu / der Lehrer

   先生はこの本を読むことを生徒たち (pl.) に薦める。

   _____

5) zu / Simon / seine Freundin / ab|holen / zum Flughafen / um / fahren

   ジモンは（彼の）ガールフレンドを迎えるために空港へ行く。

   _____

CD2-76 171 **4** 例にならって会話文を完成させましょう。

Beispiel　　A: Ich sehe heute ein Baseballspiel.

　　　　　　　Interessierst du dich auch für (Sport)?

　　　　　B1: Ja, <u>ich interessiere mich auch</u> für (Sport).

　　　　　B2　Nein, <u>ich interessiere mich gar nicht</u> für (Sport).

> Musik　~~Sport~~　Sprachen　Kunst

1) A: Ich gehe morgen ins Konzert. Interessierst du dich auch für (　　　)?

   B: Nein, _____

2) A: Ich lerne am Wochenende intensiv Spanisch. Interessierst du dich auch für (　　　)?

   B: Ja, _____

3) A: Jetzt findet die Ausstellung von Van-Gogh statt. Interessierst du dich auch für (　　　)?

   B: Ja, _____

5 （　　）内に適切な再帰代名詞、下線に前置詞を入れて文を完成させましょう。

1) Die Kinder freuen (　　　　) ＿＿＿＿＿＿ die Sommerferien.
   子どもたちは夏休み (pl.) を楽しみにしています。

2) Meine Mutter legt (　　　　) ＿＿＿＿＿＿ die Couch.
   私の母は寝椅子 (e) に横になる。

3) Marie interessiert (　　　　) ＿＿＿＿＿＿ Mode.
   マリーはファッションに興味があります。

4) Erinnerst du (　　　) oft ＿＿＿＿＿＿ deine Kindheit?
   君はよく子どものころ (e) を思い出す？

5) Manchmal ärgere ich (　　　) ＿＿＿＿＿＿ die Politiker.
   時々私は政治家 (pl.) に腹がたちます。

6) Herr Merkel sieht (　　　) heute Abend einen Film an.
   メルケル氏は今晩映画を観ます。

7) Der Student stellt (　　　) dem Lehrer vor.
   その学生は先生に自己紹介します。

8) Ich merke (　　　) ihren Geburtstag.
   私は彼女の誕生日 (r) を覚えておきます。

6 与えられた語を使って、必要ならば変化させて作文しましょう。

1) sich³ an|sehen / das Bild / das Mädchen　　　　　　その少女はその絵を見ます。

＿＿＿＿＿＿＿＿＿＿＿＿＿＿＿＿＿＿＿＿＿＿＿＿＿＿＿＿＿＿＿＿＿＿＿＿＿＿＿

2) sich³ vor|stellen / er / das Leben in Deutschland / oft　　彼はドイツでの生活をよく思い浮かべる。

＿＿＿＿＿＿＿＿＿＿＿＿＿＿＿＿＿＿＿＿＿＿＿＿＿＿＿＿＿＿＿＿＿＿＿＿＿＿＿

3) sich⁴ über ～⁴ freuen / das Geschenk / Lukas　　　　ルーカスはそのプレゼントを喜ぶ。

＿＿＿＿＿＿＿＿＿＿＿＿＿＿＿＿＿＿＿＿＿＿＿＿＿＿＿＿＿＿＿＿＿＿＿＿＿＿＿

4) sich⁴ öffnen / wieder / die Tür　　　　　　　　　ドアが再び開く。

＿＿＿＿＿＿＿＿＿＿＿＿＿＿＿＿＿＿＿＿＿＿＿＿＿＿＿＿＿＿＿＿＿＿＿＿＿＿＿

5) sich⁴ begrüßen / die Gäste　　　　　　　　　　お客たちはお互いに挨拶する。

＿＿＿＿＿＿＿＿＿＿＿＿＿＿＿＿＿＿＿＿＿＿＿＿＿＿＿＿＿＿＿＿＿＿＿＿＿＿＿

6) sich⁴ verstehen / meine Eltern / gut　　　　　　私の両親はお互いに理解している (仲が良い)。

＿＿＿＿＿＿＿＿＿＿＿＿＿＿＿＿＿＿＿＿＿＿＿＿＿＿＿＿＿＿＿＿＿＿＿＿＿＿＿

CD2-79
174
「お互いに」の意味をもつ再帰代名詞

次のように主語が複数形の文では、再帰代名詞は「お互いに」の意味を持ちます。

Maria und Michael lieben sich.　マリアとミヒャエルは (お互いに) 愛し合っている。
Wir verstehen uns sehr gut.　私たちは (お互いに) とてもよく理解し合っている。
Das Ehepaar hasst sich.　その夫婦は憎しみ合っている。

形は単数でも内容的に複数なら「お互いに」の意味を持ちます。

Hören und Sprechen

CD2-80 175 **1** 音声を聴いて下線部に適切な語を入れましょう。

In der Stadt

R: Riko M: Mia B: Ben

R: Hallo Ben!

B: Hallo! Was macht ihr?

M: Wir gehen ins Kino. Seit _____ Wochen läuft

der Film „Tschick". Hast du auch _____, ins Kino zu _____ ?

B: Lust habe ich schon. Aber ich gehe zur Uni, um meine

Freunde zu treffen.

M: Schade, dann ein anderes Mal. Tschüs!

B: Tschüs, viel Spaß!

laufen 上映（放映）される

「50年後のボクたちは」／ DVD 発売中／ 3,900円（税抜）
発売元：ビターズ・エンド／販売元：ハピネット
©2016 Lago Film GmbH. Studiocanal Film GmbH

👂 パートナーを誘ってみましょう。

A: Hast du auch Lust/Zeit, ...   B1: Nein, ich habe keine Lust/Zeit.

B2: Gerne! Ich komme mit.

ins Kino / ins Museum / ins Konzert gehen nach Disneyland an die See / ans Meer in ein Onsen / in die Berge	der Film (Chihiros Reise ins Zauberland) laufen die Ausstellung (von „Van-Gogh") statt|finden das Konzert (von „Mark Forster") statt|finden

© スタジオ・ジブリ

CD2-81 176 **2** 楽しみにしていることは何ですか、尋ねてみましょう

die Sommerferien   die Winterferien   das Wochenende   die Reise
den Geburtstag   Weihnachten   das Neujahr   die Hochzeit   das Volljährigkeitsfest

A: Freuen Sie sich auf die Sommerferien?

B1: Ja, ich freue mich auf die Sommerferien.

B2: Nein, ich freue mich nicht auf die Sommerferien.

A: Worauf freuen Sie sich?

B: Ich freue mich auf die Sommerferien.

worauf （auf + was の結合形）
worfür （für + was の結合形）

CD2-82 177 **3** 音声を聴いて質問に答えましょう。

CD2-83 178 ### Auf der Party

1) Interessiert sich Mia für Judo?   _____

2) Interessiert sich Noah für Musik?   _____

3) Wofür interessiert sich Mia?   _____

形容詞の格変化と比較表現

Ich möchte einen roten Rock kaufen.

形容詞には、**名詞の修飾語としての用法、述語的用法、副詞的用法**があります。

1 形容詞の格変化

形容詞を名詞の修飾語として用いる場合、形容詞の語尾が変化します。その変化のタイプは、冠詞類の有無、冠詞類の種類によって3つのタイプに分けられます。

① 定冠詞（類）＋形容詞＋名詞

	男性	中性	女性	複数
1格	e	e	e	en
2格	en	en	en	en
3格	en	en	en	en
4格	en	e	e	en

der blaue Vogel　その青い鳥

Der blaue Vogel zwitschert im Garten.
その青い鳥が庭でさえずっている。
▶zwitschern　さえずる

② 不定冠詞（類）＋形容詞＋名詞

	男性	中性	女性	複数
1格	er	es	e	en
2格	en	en	en	en
3格	en	en	en	en
4格	en	es	e	en

eine kleine Katze　一匹の小さい猫

Eine kleine Katze schläft auf der Couch.
一匹の小さい猫が寝いすで眠っている。

③ 形容詞＋名詞

	男性	中性	女性	複数
1格	er	es	e	e
2格	en	en	er	er
3格	em	em	er	en
4格	en	es	e	e

kalte Milch　冷たいミルク

Die Katze mag kalte Milch.
その猫は冷たいミルクが好きだ。

男性と中性2格は -en、それ以外
は定冠詞類の変化に準じる

CD3-01
179
Ü1 次の語句を格変化させましょう。

1格　der rot___ Rock　　ein blau___ T-Shirt　　heiß___ Schokolade　　meine neu___ Schuhe

2格　_____　　_____　　_____　　_____

3格　_____　　_____　　_____　　_____

4格　_____　　_____　　_____　　_____

(r) 　(s) 　(e) 　(pl.)

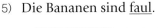 **Ü2** 例にならって１格形を書きましょう。

Beispiel Der Saft ist <u>süß</u>.　　**süß**er Saft

1) Das Wasser ist <u>kalt</u>.　　_____ Wasser
2) Die Milch ist <u>frisch</u>.　　_____ Milch
3) Das Bier ist <u>deutsch</u>.　　_____ Bier
4) Der Kaffee ist <u>stark</u>.　　_____ Kaffee
5) Die Bananen sind <u>faul</u>.　　_____ Bananen

2　比較表現

① 比較級と最上級

比較級は原級に **-er** を、最上級には **-st** をつけて作ります。

原級		比較級	最上級
—		—**er**	—**st**
klein	小さい	kleiner	kleinst
schnell	速い	schneller	schnellst
tief	深い	tiefer	tiefst
jung	若い	jünger	jüngst
stark	強い	stärker	stärkst
alt	古い、年とった	älter	ältest
groß	大きい	größer	größt
hoch	高い	höher	höchst

a, o, u を含む１音節の形容詞は変音するものが多い。

-t, -d, -ß, -sch, -z などで終わる形容詞は、最上級の語尾が -est になる。

また、groß — größer — größt のように文字が脱落するものもある。

② 不規則な変化をするもの

原級		比較級	最上級
gut	よい	besser	best
viel	たくさんの	mehr	meist
gern	好んで	lieber	liebst

最上級は am liebsten の形で用いる

ほとんどの形容詞は、そのまま副詞にもなります。

Mein Auto ist schnell.
私の車は速い。

Mein Auto fährt schnell.
私の車は速く走る。

Ü3 形容詞を適切な形にして入れましょう。

heiß ⇔ _____　alt ⇔ _____ / _____　　　　⇔ _____

_____ ⇔ kälter　_____ ⇔ jünger / _____　teurer ⇔ _____

heißest ⇔ _____　ältest ⇔ _____ / neu(e)st　_____ ⇔ billigst

schnell ⇔ _____　lang ⇔ _____　_____ ⇔ niedrig　leicht ⇔ _____

_____ ⇔ langsamer　länger ⇔ _____　höher　_____　_____ ⇔ schwerer

schnellst ⇔ _____　_____ ⇔ kürzest　höchst　_____ leichtest ⇔ _____

③ 比較の表現

1) so 原級 wie

　Luna ist **so klein** wie Lilly.　　ルナはリリーと同じくらい小さい。

2) nicht so 原級 wie…　〜ほど…ない

　Luna ist **nicht** so **groß** wie Bella.
　ルナはベラほど大きくない。

Luna　Lilly　Bella　Nala

3) 比較級 als ...

　Bella ist **größer** als Luna und Lilly.　　ベラはルナとリリーより大きい。

　Bella frisst **lieber** Fisch als Fleisch.
　ベラは肉より魚が好きだ（を好んで食べる）。　▶fressen　動物が餌などを食べる

4) am 形容詞・副詞の最上級 -en

　Luna ist vor dem Essen **am lautesten**.　　ルナは食事の前に最も騒々しい。

　Luna trinkt **am liebsten** Milch.　　ルナはミルクが一番好きだ（最も好んでミルクを飲む）。

5) 定冠詞（der / das / die）最上級（形容詞）-e　　複数形：die 最上級 -en

　Nala ist **die größte** hier.　　ナラはここでは一番大きい。

Ü4 形容詞または副詞を適切な形にして下線部に入れましょう。

1) Sie ist so _____ wie er.　　　　　　**groß**　彼女は彼と同じくらい大きい。

2) Dieses Sofa ist _____ als mein Sofa.　　**klein**　このソファは私のソファより小さい。

3) Mein Mann ist 10 Jahre _____ als ich.　**jung**　私の夫は私より10歳若い。

4) Dieser Tabletcomputer ist am _____.　　**neu**　このタブレット（コンピューター）は最も新しい。

5) Ich lese Kafka am _____.　　　　　　**gern**　私はカフカを最も好んで読む。

6) Riko ist die _____ von uns.　　　　　**fleißig**　リコは私たちの中で一番勤勉だ。

94

CD3-07
185　**1**　下線部に適切な格変化語尾を入れましょう。

1) Das ist eine gut___ Idee.　　　　　　　　それはいい考え (e) です。

2) Sie heiratet einen reich___ alt___ Mann.　彼女は裕福な高齢の男性と結婚します。

3) Der groß___ Mann da ist ein berühmt___ Baseballspieler.
そこにいる背の高い男性は、有名な野球選手 (r) です。

4) Heute ist schön___ Wetter.　　　　　　　今日はいい天気 (s) です。

5) Mein Vater ist mit der auffallend___ Krawatte zufrieden.
私の父はその派手なネクタイ (e) に満足している。

6) Er liebt die schön___ Frau.　　　　　　彼はその美しい女性を愛している。

7) Hier kann man belgisch___ Bier und deutsch___ Wein kaufen.
ここでベルギービール (s) とドイツワイン (r) を買うことができます。

8) Meine alt___ Eltern sind noch sehr gesund.　私の年老いた両親 (pl.) はまだとても元気です。

CD3-08
186　**2**　下線部に適切な語尾を入れ、ドイツ語の挨拶を完成させましょう。

Ich wünsche Ihnen einen schönen Tag (r)!　よい1日を！

1) Gut___ Morgen (r)!
おはよう。

2) Gut___ Tag (r)!
こんにちは。

3) Gut___ Abend (r)!
こんばんは。

4) Gut___ Nacht (e)!
おやすみなさい。

5) Gut___ Besserung (e)!
お大事に。

6) Gut___ Appetit (r)!
おいしく召し上がれ。

7) Schön___ Wochenende (s)!
よい週末を。

8) Fröhlich___ Weihnachten (pl.)!
メリークリスマス。

9) Ein glücklich___ neu___ Jahr (s)!
よい新年を。

10) Gut___ Reise (e)!
よいご旅行を。

11) Herzlich___ Glückwunsch (r) zum Geburtstag!
お誕生日おめでとう。

12) All___ Gute (s)!
お元気で。

3 例にならって会話を完成させましょう。

 A: Ich möchte **einen schwarzen Mantel** kaufen.

（私は）黒いコートが欲しいんですが。

B: Wie gefällt Ihnen der <u>schwarze Mantel</u> da?　　schwarz

ここにあるこの黒いコートはいかがですか？

▶ wie gefällt Ihnen 〜¹?　〜¹ はいかがですか（があなたに気に入る）

1) A: Ich möchte **ein rotes Kleid** kaufen.

B: Wie gefällt Ihnen das ＿＿＿＿＿＿ da?　　rot

2) A: Ich möchte **eine blaue Hose** kaufen.

B: Wie gefällt Ihnen die ＿＿＿＿＿＿ da?　　blau

3) A: Ich möchte **einen grünen Pullover** kaufen.

B: Wie gefällt Ihnen der ＿＿＿＿＿＿ da?　　grün

4) A: Ich möchte **weiße Pumps** kaufen.

B: Wie gefallen Ihnen die ＿＿＿＿＿＿ da?　　weiß

4 下線部に適切な格変化語尾を、動詞、冠詞類は適切な形に変化させて作文しましょう。

1) passen / die braun___ Jacke / der weiß___ Rock / zu / sehr gut

この茶色の上着は、この白いスカートによく合う。▶ zu 〜³ passen　〜³ に合う

＿＿＿＿＿＿＿＿＿＿＿＿＿＿＿＿＿＿＿＿＿＿＿＿＿＿＿＿

2) mit / das hübsch___ Mädchen / seine klein___ Katze / oft / spielen

そのかわいい少女は、彼女の小さな猫とよく一緒に遊ぶ。

＿＿＿＿＿＿＿＿＿＿＿＿＿＿＿＿＿＿＿＿＿＿＿＿＿＿＿＿

3) blond___ Haare / haben / meine deutsch___ Freundin　私のドイツ人の友達は金髪です。

＿＿＿＿＿＿＿＿＿＿＿＿＿＿＿＿＿＿＿＿＿＿＿＿＿＿＿＿

4) finden / wie / der schwarz___ Tisch dort / du　あの黒い机をどう思う？

＿＿＿＿＿＿＿＿＿＿＿＿＿＿＿＿＿＿＿＿＿＿＿＿＿＿＿＿

5) ein lustig___ Mann / mein italienisch___ Freund / sein　私のイタリア人の友人は愉快な男性です。

＿＿＿＿＿＿＿＿＿＿＿＿＿＿＿＿＿＿＿＿＿＿＿＿＿＿＿＿

6) wollen / anziehen / morgen / ein weiß___ Hochzeitskleid / ich

私は明日白いウエディングドレスを着るつもりです。

＿＿＿＿＿＿＿＿＿＿＿＿＿＿＿＿＿＿＿＿＿＿＿＿＿＿＿＿

5 「どちらがより〜ですか」、調べて例のように作文しましょう。

Beispiel　der Fuji / die Zugspitze　hoch sein　Der Fuji ist höher als die Zugspitze.

1) Deutschland / Japan　groß sein　＿＿＿＿＿＿＿＿＿＿＿＿＿＿

2) der Rhein / die Donau   lang sein   _____

3) der Shinkansen / der ICE   schnell fahren   _____

4) Deutsche / Japaner   viel Bier trinken _____

5) das Schloss Neuschwanstein / das Matsumoto Schloss   alt sein

_____

6) italienische Küche / französische Küche   gut sein

_____

CD3-12 190 **6** 「一番〜なのは何？」、調べて例にならって答えましょう。

Beispiel   Welcher Berg ist <u>am höchsten</u> auf der Welt?   hoch   (der Mount Everest)

1) Welches Land ist _____ auf der Welt?   groß   (   )

2) Welcher Fluss ist _____ auf der Welt?   lang   (   )

3) Welcher Zug fährt _____ auf der Welt?   schnell   (   )

4) Welches Volk trinkt _____ Bier auf der Welt?   viel   (   )

5) Welches Schloss ist _____ auf der Welt?   alt   (   )

6) Welche Küche ist _____ auf der Welt?   gut   (   )

CD3-13 191 **7** 与えられた語句を使って、必要ならば変化させて作文しましょう。

1) teuer / so ... wie / sein Motorrad / mein Auto / sein   彼のバイク (s) は私の車 (s) と同じくらい高価だ。

_____

2) als / alt / unser Großvater / unsere Großmutter / sein   私たちの祖母は私たちの祖父よりも年上です。

_____

3) gefallen / mir / die rote Tasche / gut / am   私はこの赤いバッグ (e) が一番気に入っています。

_____

4) trinken / gern / Japaner (無冠詞で) / Kaffee / Grüntee / als

         日本人 (pl.) はコーヒーよりもお茶が好きですか？

_____

5) sein / nicht so ... wie / dieser Garten / mein Garten / schön   私の庭 (r) はこの庭ほど美しくはない。

_____

6) wollen / über / der Maler / viel / wissen / ich   私はその画家 (r) についてもっと知りたい。
                             ▶über （テーマの対象）について

_____

7) lesen / Haruki Murakami / Riko / gern / am   リコは村上春樹を最も好んで読む。

_____

8) der / jung / von uns / Christian / sein   クリスティアンが私たちの中で一番若い。

_____

Hören und Sprechen

♣ Im Kaufhaus

1 音声を聴いて、与えられた語を必要ならば変化させて下線部に入れましょう。

> schwarz　klein　groß

R: Riko　V: Verkäuferin

V: Kann ich Ihnen helfen?

R: Ich möchte einen _____ Rock kaufen.

V: Wie gefällt Ihnen der _____ Rock hier?

an|probieren 試着する
Ja, sofort. はい、すぐに。

R: Schön, der gefällt mir. Darf ich den Rock anprobieren?

V: Natürlich!

R: Der Rock ist zu _____. Haben Sie eine Nummer _____?

V: Ja, sofort.

> **Haben Sie eine Nummer größer?**
> （そのスカートの）大きいサイズはありますか？
>
> **Haben Sie den Rock auch in Weiß / in Rot / in Blau / in anderen Farben?**
> （そのスカートの）白 / 赤 / 青 / 他の色もありますか？

● 店員と客になって買い物しましょう！

1) e Hose / blau　　2) s Kleid / rot　　3) r Pullover / gelb　　4) pl. Handschuhe / schwarz

Farbe

schwarz/Schwarz　　grau/Grau　　weiß/Weiß　　rot/Rot

gelb/Gelb　　grün/Grün　　braun/Braun　　blau/Blau

2 「誰でしょう？」

Wer ist meine Person?　　（　　　　　　　　　　　　　　　）　　sie (meine Person)

Meine Person ist Komponist.
Sie ist nicht so groß.
Sie hat blaue Augen.
Sie hat eine Perücke.
Sie hat eine lange Nase und einen kleinen Mund.
Sie hat schon mit fünf Jahren vor der Kaiserin Klavier gespielt.
Sie ist ein sehr berühmter Österreicher.

●人物について描写してみましょう、そして Wer ist meine Person? と尋ねてみましょう。

 3　Was machst du lieber?　尋ねてみましょう。

1)　A: Was machst du lieber, tanzen oder singen?

　　B: Ich tanze lieber, aber am liebsten spiele ich Videospiele.

| tanzen | singen | schlafen | joggen | shoppen | Manga lesen |

| schwimmen | Videospiele spielen | fotografieren | Fußball spielen |

2)　A: Was isst du lieber, Reis oder Brot?

　　B: Ich esse lieber Reis als Brot, aber am liebsten esse ich Nudeln.

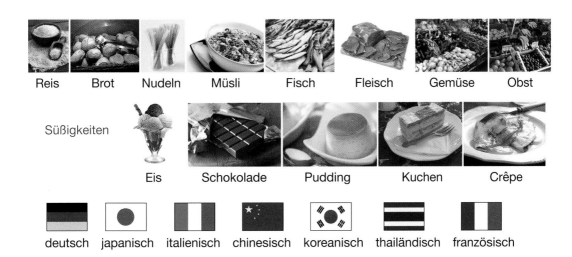

Reis　Brot　Nudeln　Müsli　Fisch　Fleisch　Gemüse　Obst

Süßigkeiten

Eis　Schokolade　Pudding　Kuchen　Crêpe

deutsch　japanisch　italienisch　chinesisch　koreanisch　thailändisch　französisch

関係代名詞・指示代名詞

Leipzig ist eine Stadt, die im Osten von Deutschland liegt.

1 定関係代名詞

定関係代名詞は、先行する名詞の代わりをする代名詞の働きと、後続する文（**関係文**）を名詞（**先行詞**）に結びつける働きをします。定関係代名詞は、定冠詞とほぼ同じ変化をします。

格 ＼ 性	男性	中性	女性	複数
1格	der	das	die	die
2格	dessen	dessen	deren	deren
3格	dem	dem	der	denen
4格	den	das	die	die

定冠詞と異なるのは以下の5つ

男性・中性2格 → dessen
女性・複数2格 → deren
複数3格 → denen

・定関係代名詞の「**性**」と「**数**」は**先行詞に一致**する。
・**格**は関係文中の役割によって決まる。
・関係文はコンマで区切り、関係文の**定動詞は文末**に置く（副文）

CD3-20
198

① Kennst du den Mann?　② Der Mann steht dort.
その男性を知っていますか。　　その男性はそこに立っています。

Kennst du den Mann,　der　　　dort steht?
先行詞　　　　　　　　関係代名詞
（男性名詞・単数）　　（1格）

Kennst du den Mann,
〜の男性を知っていますか？

関係代名詞の2格は前に置かれ、
定冠詞は省略される。

前置詞は必ず定関係代名詞の
前に置く。

der dort Tennis spielt?　　　　　　　　　　1格
Der Mann spielt dort Tennis.
（その男性が）そこでテニスをしている。

dessen Tochter Schauspielerin ist?　　　2格
Die Tochter **des Mannes** ist Schauspielerin.
（その男性の）娘さんが女優である。

dem Noah den Weg gezeigt hat?　　　　　3格
Noah hat **dem Mann** den Weg gezeigt.
ノアが（その男性に）道を教えた。

den wir morgen besuchen?　　　　　　　　4格
Wir besuchen morgen **den Mann**.
私たちが明日（その男性を）訪ねる。

mit dem Mia spricht?
Mia spricht **mit dem Mann**.
ミアが（その男性と）話している。

Ü1 （　　　　）に適切な関係代名詞を入れましょう。

1) der Lehrer, (　　　　　　　　) immer eine Brille trägt
   いつも眼鏡をかけている先生

2) die Studentin, (　　　　　　) Vater Arzt ist
   父親が医者である学生

3) die Kinder, (　　　　　　) meine Schwester gestern ein Märchen erzählt hat
   私の姉が昨日童話を話して聞かせた子どもたち

4) das iPad, (　　　　　) Elias gestern gekauft hat
   エリアスが昨日買った iPad

5) die Stadt, in (　　　　　) er früher gewohnt hat
   以前彼が住んでいた街

> 場所を示す名詞は「関係副詞」の
> wo で受けることもできます。
>
> die Stadt, wo er früher gewohnt hat

不定関係代名詞

不定関係代名詞 wer「～する人」、was「～すること・もの」は、先行詞をそれ自体に含む代名詞で、不特定の人や物を表します。

wer「～する人」：先行詞なしで用いられます。

was「～すること、もの」：先行詞がある場合にもない場合にも用いられます。

Wer nicht arbeitet, [der] soll auch nicht essen.
働かざるもの、食うべからず。

Wen die Götter lieben, der stirbt jung.
神が愛する者は、若くして死ぬ。（佳人薄命）

Was du sagst, [das] verstehe ich nicht.
君の言っていることを、私は理解できません。

1格	wer	was
2格	wessen	
3格	wem	
4格	wen	was

先行詞が alles, nichts, etwas などの不定代名詞や名詞化した形容詞の最上級の場合、関係代名詞として was を用います。

Das ist alles, was ich weiß.　　　これが私が知っている**すべて**です。

Das ist das Beste, was ich tun kann.　これが私にできる**最上**のことです。

2 指示代名詞

① 指示代名詞

定関係代名詞とほぼ同じ変化をする代名詞に**指示代名詞**があります。指示代名詞は直前の名詞をもう一度指し示したり、同一名詞の反復を避ける場合に用いられます。

格＼性	男性	中性	女性	複数
1格	der	das	die	die
2格	dessen	dessen	**deren**	**deren**
3格	dem	dem	der	denen
4格	den	das	die	die

Wie findest du den Rock **hier?**
このスカートをどう思う？

Den finde ich sehr gut.
それ（そのスカート）をとてもいいと思うよ。

▶複数2格には derer
という別形もあります。

CD3-23
201 **Ü2** （　　　）に適切な指示代名詞を入れましょう。

1) A: **Kennen Sie Herrn Fischer?**
   あなたはフィッシャーさんをご存知ですか？
   B: **Ja, (　　　) kenne ich sehr gut.**
   はい、彼のことをとてもよく知っています。

2) A: **Wo ist mein Wörterbuch?**
   私の辞書はどこですか？
   B: **(　　　) ist hier.**
   それはここだよ。

3) A: **Nimmst du die Bluse?**
   そのブラウスにするの？
   B: **Ja, (　　　) nehme ich.**
   うん、それ（そのブラウス）にするわ。

4) A: **Gefallen dir die Stiefel?**
   そのブーツ (pl.) は君に気に入った？
   B: **Ja, (　　　) gefallen mir.**
   うん、それは気に入ったよ。

CD3-24
202

指示代名詞と人称代名詞

指示代名詞は文頭に置かれることが多く、人称代名詞より強く、人・物を示します。

Wo ist der Schlüssel?

Der ist hier.　　それならここにあります。
Er ist hier.　　（それは）ここにあります。

Kaufst du den Laptop?

Ja, den **kaufe ich.**　うん、それを私は買うよ。
Ja, ich kaufe ihn.　うん、私は（それを）買うよ。

② 指示代名詞 das　中性名詞の定冠詞 das とは異なります。

指示代名詞の das は、名詞の**性**や**数**に関係なく「**それは**」「**これは**」の意味で用いられます。

Was ist das?
これは何ですか？

Das ist ein Lehrbuch.
これは教科書です。

Wer ist das?
こちらはどなたですか？

Das ist unser Lehrer, Herr Schmidt.
こちらは私たちの先生、シュミットさんです。

Das sind meine Großeltern.
こちらは私の祖父母です。

🔑 指し示すものが複数なら動詞も複数に。

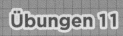

Übungen 11

CD3-25 203 **1** 適切な語を選び（　）に入れましょう。

> deren　der　das　den　mit dem

1) Das ist der Plattenspieler, (　　　　　) ich zum Geburtstag bekommen habe.
   それは私が誕生日にもらったレコードプレイヤー (r) です。

2) Das ist das Teleskop, (　　　　　) ich gestern meinem Sohn gekauft habe.
   それは私が昨日 (私の) 息子に買った望遠鏡 (s) です。　▶ s Teleskop　望遠鏡

3) Der Zug, (　　　　　) ich immer zur Arbeit fahre, ist heute ausgefallen.
   私がいつも (それで) 仕事に行く列車 (r) が、今日は運休だった。

4) Ist das deine Tochter, (　　　　　) Foto du mir gezeigt hast?
   こちらは君が私に写真を見せた (君の) 娘さんですか？

5) Die Frau, (　　　　　) der Porsche gehört, wohnt in einem Schloss.
   そのポルシェ (r) を所有している女性はあるお城に住んでいます。

CD3-26 204 **2** 例にならって関係文を作りましょう。

Beispiel　　Der Mann liest dort eine Zeitung.

　　A: Wer ist der Mann, der dort eine Zeitung liest? あそこで新聞を読んでいる男性はだれですか？

　　B: Er ist mein Onkel.　私の叔父です。

1) Die Lehrerin schwimmt sehr gut.

   A: Woher kommt die Lehrerin, _____?
   水泳がとても上手なその先生はどちらのご出身ですか？

   B: Sie kommt aus Hawaii.　彼女はハワイの出身です。

2) Der Student lernt immer in der Bibliothek.

   A: Wo wohnt der Student, _____?
   いつも図書館で勉強しているその学生はどこに住んでいるのですか？

   B: Er wohnt im Studentenwohnheim.　彼は学生寮に住んでいます。

3) Die Kinder spielen draußen Fangen.　▶ Fangen spielen　鬼ごっこをする

   A: Wer sind die Kinder, _____?
   外で鬼ごっこをしている子どもたちは誰ですか？

   B: Sie sind die Söhne von Herrn Schmidt.　彼らはシュミットさんの息子たちです。

4) Das rote Kleid steht dem Mädchen sehr gut.

   A: Wie heißt das Mädchen, _____?
   その赤いワンピースがとてもよく似合っている少女の名前は？

   B: Es heißt Maria.　それは (その少女の名前は) マリアです。

5) Noah hat mit der Frau getanzt.

   A: Wie alt ist die Frau, mit _____?
   ノアが昨日 (一緒に) 踊っていた女性は何歳なの？

   B: Sie mag etwa 40 Jahre alt sein.　彼女は 40 歳ぐらいだろう。

LEKTION 11

3 ───── を先行詞として、次の二つの文を結びつけましょう。

1) Die Deutsche spricht sehr gut Japanisch. Ich habe die Deutsche angerufen.

   → _____.

   私が電話をしたそのドイツ人の女性はとても上手に日本語を話します。

2) Das ist das Schloss. Ich habe gestern das Schloss besucht.

   → _____.

   それは私が昨日訪れたお城です。

3) Die Studentin geht oft ins Kino. Ich habe gestern der Studentin die Kinokarte gegeben.

   → _____.

   私が昨日映画のチケットをあげたその学生は、よく映画を観に行きます。

4) Wien ist eine Stadt. Die Stadt gefällt mir sehr gut.

   → _____.

   ウィーンは私がとても気に入っている街です。

5) Ich heirate den Mann. Die Eltern des Mannes sind super reich.

   → _____.

   私は両親が大変裕福なその男性と結婚します。

6) Das ist mein Onkel. Ich wohne bei meinem Onkel.

   → _____.

   こちらは、私がいっしょに (〜のところに) 住んでいる私のおじです。

4 例にならって、質問文と応答文を書きましょう。

Beispiel der Mann da / einen Anzug tragen
A: Wie heißt der Mann da?
B: Meinst du den Mann, der einen Anzug trägt?

1) das Mädchen / auf der Bank sitzen

   A: _____ B: _____

2) die Frau / mit Riko sprechen

   A: _____ B: _____

3) der Lehrer / eine Brille tragen

   A: _____ B: _____

4) die Studenten / Currywurst essen

   A: _____ B: _____

CD3-29 / 207 | **5** 下線部に適切な関係代名詞を、（ ）には適切な人物を選んで記号を入れましょう。

Wer machte das?

1) „Erlkönig" ist eine Ballade von ( ), _____ er im Jahre 1782 schrieb.

2) „Der Kuss" ist ein Bild, _____ von ( ) gemalt wurde.

3) Das Unternehmen *Apple* ist ein Unternehmen, _____ ( ) mit seinen Freunden 1976 gegründet hat.

4) „Lily Marlene" ist ein Lied, _____ von ( ) gesungen wurde.

5) „Die Relativitätstheorie" ist eine Theorie, _____ von ( ) aufgestellt wurde.

6) „Die 9. Sinfonie" ist eine Sinfonie, _____ ( ) komponierte.

　▶gründen　創設する、設立する

> werden ... 過去分詞 (von 人³ ～³によって)
> …される（参照 L.12 受動態）

A) Ludwig van Beethoven　　　B) Gustav Klimt　　　C) Marlene Dietrich

D) Johann Wolfgang von Goethe　　E) Albert Einstein　　　F) Steve Jobs

CD3-30 / 208 | **6** 例にならって、（ ）に適切な指示代名詞を入れましょう。

6-1 | Beispiel | A: Wie findest du den Laptop?　　　B: (**Der**) gefällt mir sehr gut.
君はこのノートパソコンをどう思う？　　　　それは私にとても気に入ったよ。

1) A: Wie findest du das Kleid?　　　B: ( ) gefällt mir nicht gut.

2) A: Wie finden Sie den Rock?　　　B: ( ) gefällt mir gut.

3) A: Wie findet sie die Bluse?　　　B: ( ) gefällt ihr gut.

4) A: Wie findet ihr die Schuhe?　　　B: ( ) gefallen uns sehr gut.

CD3-31 / 209 | **6-2** | Beispiel | A: Kaufst du das Smartphone?　B: Ja, (**das**) nehme ich.
君はこのスマホを買うの？　　　　　うん、それにするよ。

1) A: Kaufst du die Tasche?　　　B: Ja, ( ) nehme ich.

2) A: Kaufst du den Rucksack?　　　B: Ja, ( ) nehme ich.

3) A: Kaufen Sie das Portemonnaie?　　　B: Nein, ( ) nehme ich nicht.

4) A: Kauft er die Handschuhe?　　　B: Nein, ( ) nimmt er nicht.

7 例にならい、下線部を入れ替えて作文してみましょう。

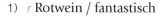 e Suppe / sehr gut

A: Wie schmeckt **diese Suppe**?

B: **Die** schmeckt mir sehr gut.

1) _r_ Rotwein / fantastisch

A: _____ B: _____

2) _pl._ Erdbeeren / zu süß ▸ zu　あまりに…すぎる

A: _____ B: _____

3) _s_ Curry / zu scharf ▸ scharf　辛い

A: _____ B: _____

4) _e_ Frikadelle / sehr gut ▸ e Frikadelle　フリカデレ（ドイツの肉料理）

A: _____ B: _____

8 与えられた語を使って、必要ならば変化させて作文しましょう。ただし、定関係代名詞を補うこと。

1) ich / Germanistik / die Studentin / studieren / kennen
私は、ドイツ文学を専攻しているその学生を知っています。

_____

2) heißen / der Vater / Tobias / sein / der Student / Lehrer
お父さんが先生をしている学生は、トビアスという名前です。

_____

3) Monika / eine Reise nach Deutschland / der Freund / machen / sprechen / sehr gut / mit / Deutsch
モニカが一緒にドイツへ旅行するその友達 (r) は、ドイツ語を話すのが非常に上手い。

_____

4) gestern / das / sein / das Parfüme / meine Tochter / haben / gekauft / ich
それは私が昨日娘に買った香水です。

_____

5) er / die Firma / arbeiten / liegen / bei / an der Goethestraße
彼が働いている会社はゲーテ通りにあります。

_____

6) ich / zur Universität / das Auto / mein Bruder / gehören / mit / fahren
私が大学に乗っていく車は、私の兄のものです。

_____

Hören und Sprechen

♣ Leipzig

 1 音声を聴いて、下線部に適切な語を書き入れましょう。

M: Mia　R: Riko　B: Ben

M: Sag mal, Riko. Hast du schon einmal Leipzig besucht?

R: Nein, ich war noch nie in Leipzig. Wie ist Leipzig? Und wo liegt Leipzig in Deutschland?

B: Leipzig ist eine Stadt, _____ im Osten von Deutschland liegt. In Leipzig gibt es die Thomaskirche, in _____ Johann Sebastian Bach Kantor war.

M: An der Universität Leipzig studierte Johann Wolfgang von Goethe, _____ „Faust" schrieb.

R: Ah, ich möchte Leipzig besuchen.

B: Wollen wir am Wochenende nach Leipzig fahren?

M: Gute Idee!

Auerbachskeller

im Osten von ...　…の東に
r Kantor　教会のオルガン奏者兼合唱隊指揮者

  2 例を参考に、パートナーと会話してみましょう。

Beispiel

Was für eine Stadt ist (Wien)?　Wo liegt (Wien)?

▶ e Hauptstadt　首都

(Wien) ist die Stadt, die die Hauptstadt von (Österreich) ist und <u>im Osten</u> von (Österreich) liegt.

in der Mitte von (　　　　)　〜の中心に
im Osten/Westen/Süden/Norden von (　　　　)
〜の東 / 西 / 南 / 北に

Was für ... ?「どんな…、なんて…」
Was für Filme siehst du?
君はどんな映画を観るの？

Berlin　　Prag　　Bern　　Tokyo　　Wien

Japan　　Deutschland　　die Schweiz　　Tschechien　　Österreich

受動態・接続法

Ich hätte eine Bitte an dich.

1 受動態

① 動作受動

受身の行為・動作は、助動詞 **werden** と本動詞の過去分詞を用いて表現されます。**werden** は人称変化して定動詞の位置に、過去分詞は文末に置かれます。

werden ... 過去分詞

能動文の**4格目的語**が受動文の主語となります。

werden			
ich	werde	wir	werden
du	wirst	ihr	werdet
er/es/sie	wird	sie	werden
	Sie	werden	

1) 能動文の主語（動作主）が人の場合　**von**＋**3格**

能動文	Der Lehrer lobt den Studenten.	先生はその学生をほめます。

受動文	Der Student wird vom Lehrer gelobt.	その学生はその先生にほめられます。

疑問文1	Wird der Student vom Lehrer gelobt?
疑問文2	Wer wird vom Lehrer gelobt?
従属文	Ich weiß, dass der Student immer vom Lehrer gelobt wird.

私は、その学生がいつもその先生にほめられることを知っています。

2) 能動文の主語（動作主）が意思を持たない事物の場合　**durch**＋**4格**

能動文	Der Taifun zerstörte die Stadt.	台風が（1格）その街を（4格）破壊しました。

受動文	Die Stadt wurde durch den Taifun zerstört.	その街は台風に（よって）破壊されました。

3) 能動文の主語が、一般人称の **man** など不特定な場合や動作主を言う必要がない場合、省略されます。

In Österreich spricht man Deutsch. 　　オーストリアではドイツ語を（4格）話します。

In Österreich wird Deutsch gesprochen. 　　オーストリアではドイツ語が話されます。

受動態の過去・現在完了形

過去形　Der Student wurde vom Lehrer gelobt.
その学生はその先生にほめられた。

現在完了形　Der Student ist vom Lehrer gelobt worden.

Ü1 （　　）には werden の人称変化形を、下線部には動詞の過去分詞を入れましょう。

1) Mein Vater （　　　　） von einem Touristen nach dem Weg zum Bahnhof _____. fragen
   私の父は旅行者から駅への道を尋ねられます。

2) Das Kaufhaus （　　　　） um 11 Uhr _____. öffnen
   そのデパートは 11 時に開店する（開けられる）。

3) Die Vorlesung （　　　　） durch den Lärm _____. stören
   その講義は騒音によって妨害された。

4) Wir （　　　　） im Sommer oft zur Bierparty _____. ein|laden
   私たちは夏によくビールパーティに招待される。

5) Er weiß, dass er von seinen Eltern sehr _____ （　　　　）. lieben
   彼は（彼の）両親にとても愛されているということを知っています。

6) Der Kranke muss sofort _____ （　　　　）. operieren
   その患者はすぐに手術されなくてはならない。

② 状態受動

動作が完了した後の状態「～されている」を表す場合、**状態受動**が用いられます。状態受動は**助動詞 sein** と本動詞の過去分詞を用いて表現されます。

動作受動 Die Tür wird geschlossen. ドアは閉められる。

状態受動 Die Tür ist schon geschlossen. ドアはもう閉まっている（閉められた状態である）。

Ü2 例にならって会話を完成させましょう。

Beispiel A: Wann wird der Supermarkt geschlossen? スーパーはいつ閉まるの？
B: Er ist schon geschlossen. もう (schon) 閉まってるよ。

1) A: Wann wird das Museum gebaut? その美術館はいつ建てられるの？
   B: _____. もう建ってるよ。

2) A: Wann wird die Bäckerei geöffnet? そのパン屋はいつ開くの？
   B: _____. 6 時から (seit 6 Uhr) 開いているよ。

3) A: Wann wird das Zimmer aufgeräumt? その部屋はいつ片づけられるの？
   B: _____. もう片付いているよ。

4) A: Wann wird mein Fahrrad repariert? 私の自転車はいつ修理されますか？
   B: _____. もう修理されていますよ。

109

② 接続法Ⅱ式

話し手が、ある事柄を事実として述べる（直説法）のではなく、伝聞・仮定として事柄を叙述する語法を**接続法**と言います。接続法にはⅠ式とⅡ式があり、接続法Ⅱ式は**「もし…だったら」という仮定・非現実の事柄**や**丁寧な依頼**を表現するときに用います（参照 S.119 接続法Ⅰ式）。

① 接続法Ⅱ式の形

接続法Ⅱ式は、動詞の過去基本形をもとに作ります。

規則動詞	不規則動詞	
kaufen → kaufte	gehen → ginge	語尾に e がない場合は e をつける
	haben → hätte	幹母音の a, o, u は原則として変音する （wollen, sollen など変音しないものもある）

第Ⅱ式基本形		kaufte	ginge	hätte	würde
ich	-	kaufte	ginge	hätte	würde
du	-st	kauftest	gingest	hättest	würdest
er/es/sie	-	kaufte	ginge	hätte	würde
wir	-n	kauften	gingen	hätten	würden
ihr	-t	kauftet	ginget	hättet	würdet
sie	-n	kauften	gingen	hätten	würden
Sie	-n	kauften	gingen	hätten	würden

CD3-38 216 **Ü3** 接続法Ⅱ式の表を完成させましょう。

不定形		sollen	sein	können
第Ⅱ式基本形		sollte	wäre	könnte
ich	-	_____	_____	_____
du	-st	_____	_____	_____
er/es/sie	-	_____	_____	_____
wir	-n	_____	_____	_____
ihr	-t	_____	_____	_____
sie	-n	_____	_____	_____
Sie	-n	_____	_____	_____

② 接続法Ⅱ式の用法

1）非現実話法「もし～なら…だろうに」

実際にはないことを、単に仮定として述べることを**非現実話法**といいます。前提部「もし～だったら」と結論部「…だろうに」の両方に接続法Ⅱ式を用います。主文には **würde ＋不定詞**がよく用いられます。

| 現実 | Ich habe nicht viel Geld. Ich kaufe keinen Porsche. |

（私は）お金をたくさん持っていない。（私は）ポルシェを買わない。

| 非現実 | Ich ~~habe~~ viel Geld.　　　Ich ~~kaufe~~ einen Porsche. |

　　　　　hätte　　　　　　　　würde　　　　　　　kaufen.
　　　　　　　　　　　　　　　（kaufte）

Wenn ich viel Geld **hätte**, **würde** ich einen Porsche **kaufen**.

（私は）お金をたくさん持っていたら、ポルシェを買うのになぁ。

D3-39 217

Ü4 与えられた語を接続法Ⅱ式の形にして（　）に入れ、文を完成させましょう。

1) Wenn ich Zeit (　　　), (　　　) ich ins Kino gehen.　　　　haben / können
　（私は）時間があれば、映画に行けるのに。

2) Wenn das Wetter schön (　　　), (　　　) wir Fußball spielen.　　sein / werden
　天気がよければ、（私たちは）サッカーをするのに。

3) Wenn ich an deiner Stelle (　　　), (　　　) ich sie sofort anrufen.　sein / werden
　君の立場なら、ぼくはすぐ彼女に電話するのに。

過去の事実に反することを述べるときは、完了形を接続法Ⅱ式にして用います。

Ich war gestern nicht in München.　　　　Ich sah das Spiel A gegen B nicht.
　　　　　↓（完了形に）　　　　　　　　　　　　　　↓

Ich **bin** gestern nicht in München **gewesen**.　Ich **habe** das Spiel A gegen B nicht **gesehen**.
　　wäre　　　　　　　　　　　　　　　　　　　hätte

Wenn ich gestern in München **gewesen** wäre, **hätte** ich das Spiel A gegen B **gesehen**.
昨日ミュンヘンにいたら、A対Bの試合を見たのに。

前提部だけで（実現しない）願望を表す

Wenn ich doch mehr Zeit hätte!　もっと時間があればなぁ！
= Hätte ich doch mehr Zeit!　　　doch, nur を入れることが多い。

---

2) 外交的接続法「～していただけますか」

頼みごとや希望などを控えめに述べたり、丁寧な口調で質問するとき接続法Ⅱ式が用いられ、このような用法を**外交的接続法**といいます。

Könnten Sie das noch einmal erklären?　（恐れ入りますが）それをもう一度説明していただけますか。
Ich hätte eine Bitte an Sie.　　　　　　（あなたに）ひとつお願いがあるんですが。

D3-40 218

Ü5 与えられた語を接続法Ⅱ式の形にして（　）に入れ、意味を考えてみましょう。

1) (　　　　　) Sie mir helfen?　　　　　　können

2) Wir (　　　　　) gern noch einen Kaffee.　haben

3) (　　　　) Sie mir das Salz reichen?　　werden

4) Ich (　　　　　) eine Frage.　　　　　haben

CD3-41 219 **1** 下線部を主語にして、受動文に書き換えましょう。

1) Die Mutter bereitet das Essen vor.　母は食事 (s) を準備する。　▶vor|bereiten 〜⁴の準備をする

→ _____

2) Der Großvater lädt uns zum Abendessen ein.　祖父は私たちを夕食に招待する。

→ _____

3) Meine Eltern schenkten mir den Laptop.　両親が私にこのノートパソコン (r) をプレゼントしてくれた。

→ _____

4) Mein Freund schrieb diesen Brief.　　　友達がこの手紙 (r) を書いた。

→ _____

5) Der Arzt untersucht den Patienten.　医者 (r) は患者 (r) を診察する。　▶untersuchen 〜⁴を診察する
　　　　　　　　　　　　　　　　　　　　　　　　　　　　　　　　　r Patient 患者 (弱変化)

→ _____

6) Viele Touristen besuchen die Stadt.　　多くの旅行者 (pl.) がこの街を (e) 訪れる。

→ _____

7) In Deutschland trinkt man viel Bier.　　ドイツではたくさんビール (s) を飲みます。

→ _____

CD3-42 220 **2** 例を参考に、受動文で質問に答えましょう。

Beispiel　A: Wann korrigiert der Lehrer meinen Aufsatz?　B: Er ist schon korrigiert.
　　　　　先生はいつぼくの作文 (r) を添削するのですか？　　　　　（作文は）すでに添削済みです。

1) A: Musst du heute dein Auto waschen?　　　B: _____
　　君は今日 (君の) 車を洗わなくてはいけないの？　　　いいえ、（車は）すでに洗車済みです。

2) A: Wer bügelt die Wäsche?　　　　　　　　B: _____
　　誰が洗濯物 (e) にアイロンをかけるの？　　　　　アイロンはすでにかけられています。

3) A: Wann wird die Mensa geöffnet?　　　　　B: _____
　　学食 (e) はいつ開けられるの？　　　　　　　　11時から (seit 11 Uhr) すでに開いています。

4) A: Ist der Platz frei?　　　　　　　　　　　B: _____
　　この席 (r) は空いていますか？　　　　　　　　いいえ、予約 (reservieren) されています。

5) A: Ich will heute mein Zimmer aufräumen.　B: _____
　　私は今日 (私の) 部屋 (s) を掃除するつもりです。　（君の部屋は）すでに掃除が済んでいます。

3 例にならって、日本語に合う接続法II式の文を作りましょう。

 Beispiel Ich habe keine Zeit. Ich gehe nicht zur Party.

⇒Wenn ich Zeit hätte, würde ich zur Party gehen. （私は）時間があればパーティへ行くのに。

ginge ich zur Party.

1) Ich bin nicht reich. Ich kann nicht um die Welt reisen.

_____

私がお金持ちなら、世界旅行をすることができるのに。

2) Es ist draußen kalt. Ich gehe nicht aus.

_____

外が寒くなければ、外出するのに。

3) Er ist nicht mutig. Er spricht sie nicht an.

_____

彼に勇気があれば、彼女に話しかけるのに。

4) Ich kann nicht fließend Deutsch sprechen. Ich studiere nicht in Deutschland.

_____

私がドイツ語を流暢に話すことができれば、ドイツへ留学するのに。

5) Ich habe kein Auto. Ich muss zu Fuß zur Arbeit gehen.

_____

車があれば（持っていたら）歩いて仕事に行かなくてもいいのに。

 4 例のように丁寧にお願いしましょう。

Beispiel A1: Bring mir die Zeitung!　　　　　　　B: Gerne.

A2: Könntest du mir die Zeitung bringen?

1) A1: Kauf mir ein neues Computerspiel!　A2: _____

2) A1: Mach das Fenster auf!　　　　　　A2: _____

3) A1: Hilf mir bei den Hausaufgaben!　　A2: _____

4) A1: Gib mir ein Glas Wasser!　　　　　A2: _____

接続法II式のいろいろな用法

sollte（sollen の接続法II式）「～した方がよい」

A: Ich habe Fieber.

B: Du solltest sofort zum Arzt gehen.　すぐに医者に行ったほうがいいよ。

als ob ＋ 接続法第II式「まるで…かのように」

Sie benimmt sich, als ob sie Königin wäre.　彼女は、まるで女王であるかのようにふるまう。

wie wäre es mit ～³「～はどうですか」

Wie wäre es mit einer Pause?　　　　　休憩してはどうですか？

Hören und Sprechen

♣ In der Bibliothek

CD3-46 224 **1** 音声を聴いて、下線部に単語を、（　　）に数字を書き入れましょう。

Dialog 1　　　　　　　　　　　　　　　　　　　　　　　　　B: Bibliothekerin　R: Riko

B: Guten Morgen!

R: Guten Morgen!　Darf ich Sie etwas fragen?

B: Natürlich.

R: Um wie viel Uhr _____ die Bibliothek _____?

B: Um (　　　　) Uhr. Von Montag bis Freitag _____ die Bibliothek von (　　　　)

　　bis (　　　　) Uhr und am Samstag von 11 bis 14 Uhr _____.

R: Vielen Dank!

B: Kein Problem.

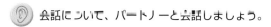 会話について、パートナーと会話しましょう。

Um wie viel Uhr wird die Bibliothek geschlossen?

Von wann bis wann ist die Bibliothek geöffnet?

CD3-47 225 **2** 音声を聞いて、下線部に適切な語を入れましょう。

Dialog 2　　　　　　　　　　　　　　　　　　　　　　　　　　　B: Ben　R: Riko

B: Was _____ du machen, wenn du Millionär _____?

R: Ich _____ in Deutschland ein großes Haus _____ und für längere Zeit in

　　Deutschland _____. Und du?

B: Ich _____ zuerst eine Rakete kaufen und dann eine Reise ins All machen.

　　　für längere Zeit 長い間ずっと　e Rakete ロケット　s All 宇宙

● あなたならどうしますか？

A: Was würdest du machen, wenn du Millionär wärest?

B: Wenn ich Millionär wäre, würde ich eine Firma gründen.

> die ganze Welt bereisen　　eine Firma gründen　　viel einkaufen
>
> meinen Job kündigen　　ein Schloss kaufen　　investieren　　faulenzen

パートナーに尋ねてみましょう。

Bundeskanzler　　ein Zauberer　　ein Vogel　　König/in　　Doraemon

文法補足

1 2格と結びつく前置詞

statt ～の代わりに　trotz ～にもかかわらず、～なのに
während ～の間、～している間　wegen ～のために（原因、理由）

Statt meiner Mutter kommt mein Vater heute zur Schule.
私の母のかわりに今日は父が学校に来ます。

Trotz des Regens spielen die Schüler draußen Baseball.
雨にもかかわらず生徒たちは外で野球をしています。

Während der Sommerferien mache ich den Führerschrein.
私は夏休みの間に運転免許をとります。

Wegen der Erkältung kommt er heute nicht.
風邪のために彼は今日来ません。

2 前置詞＋人称代名詞の融合形 da[r]＋前置詞

「物・事」を表す人称代名詞が前置詞と結びつくとき、da[r]- ＋前置詞という形にすることが多い。

mit diesem Kugelschreiber このボールペンで
　　↓
mit ihm それで（それを使って）
　　↓
damit

Schreiben Sie mit diesem Kugelschreiber?　　　あなたはこのボールペンで書きますか？
—Ja, ich schreibe damit.　　　　　　　　　　　はい、私はそれで書きます。

前置詞が母音で始まるときは、dar ＋前置詞

Was hast du in der Tasche?　　　　　　　　　　君はバッグの中に何を持っているの？
—Darin habe ich ein Portemonnaie und ein iPad.　私はその中に財布と iPad を持っています。

zu 不定詞句や文を受ける場合もあります。

Ich freue mich schon darauf, in den Winterferien nach Deutschland zu reisen.
私は冬休みにドイツへ旅行することを既に楽しみにしている。

Ich bin davon überzeugt, dass er den ersten Preis gewinnt.
私は彼が一等賞をとると確信している。

3 場所と移動の方向を表す前置詞の基本的な使い方

Wohin どこへ	Wo どこに / で
冠詞がつかない地名	
nach	**in**
nach Nagoya 名古屋へ	in Nagoya 名古屋に／で
nach Deutschland ドイツへ	in Deutschland ドイツに／で
nach Haus(e) gehen / kommen 帰宅する	zu Haus(e) sein / bleiben 家にいる
冠詞がつく地名	
in	**in**
in die Schweiz スイス (e)へ	in der Schweiz スイスに／で
in die USA アメリカ (pl.)へ	in den USA アメリカに／で
in den Iran イラン (r)へ	im Iran イランに／で
人のところ、催事、用事をしに	
zu	**bei**
zu Ben ベンのところへ	bei Ben ベンのところに／で
zum Arzt 医者 (のところ) へ	beim Arzt 医者に／で
zur Schule 学校へ	(in der Schule) 学校に／で
中に入れる場所、建物	
in	**in**
ins Büro 事務所へ	im Büro 事務所に／で
ins Restaurant レストランへ	im Restaurant レストランに／で
ins Kino 映画館へ	im Kino 映画館に／で
（広い意味で）公共施設	
auf	**auf**
auf das Rathaus (zum Rathaus) 市役所へ	auf dem Rathaus 市役所に／で
auf die Post (zur Post) 郵便局へ	auf der Post 郵便局に／で
auf den Marktplatz マルクト広場へ	auf dem Marktplatz マルクト広場に／で
auf den Bahnhof (zum Bahnhof) 駅へ	auf dem Bahnhof (am Bahnhof) 駅に／で
海、川、湖	
an	**an**
ans Meer 海へ	am Meer 海に／で
an den Rhein ライン川に	am Rhein ライン川に／で
an den Strand (zum Strand) 浜辺へ	am Strand 浜辺に／で

4 動詞と熟語的に結びつく前置詞

an ～⁴ denken　～⁴のことを思う、～⁴を思いだす

Er denkt immer an seine Familie.　　彼はいつも彼の家族のことを思っています。

Mia denkt oft an ihre Kindheit.　　ミアは彼女の子ども時代をよく思いだす。

an ～³ teil|nehmen　～³に参加する

Ich nehme an einem Seminar teil.　私はあるゼミに参加します。

auf ～⁴ warten　～⁴を待つ

Sie wartet auf ihren Freund.　　彼女は（彼女の）ボーイフレンドを待っています。

5 zu のない不定詞とともに用いる動詞・話法の助動詞に準じる動詞

話法の助動詞と同じような働きをする動詞があります。

① gehen, lernen, bleiben

Ich gehe heute einkaufen.　　私は今日買い物に行く。

Sie lernt jetzt Auto fahren.　.　彼女は今、車の運転を習っている。

② hören, sehen

Ich sehe meinen Vater kommen.　　私は父が来るのを見る。

Er hört seine Schwester singen.　　彼は妹が歌っているのを聞く。

③ lassen

Meine Frau lässt mich immer lange warten.　私の妻はいつも私を長く待たせる。

Lass ihn schlafen!　　彼を寝かせておきなさい！

6 未来の助動詞 werden

　werden は未来の助動詞としても用いられます。ただしドイツ語では、近い未来は「現在形」で言い表すことができるため、未来形は主に「話者の意志（1人称）」、「推量（2・3人称）」を表します。2人称の場合には、命令の意味を持つ場合もあります。

ich	werde	wir	werden
du	wirst	ihr	werdet
er/es/sie	wird	sie	werden
Sie	werden		

Ich werde ihn mal fragen.　　私が彼に尋ねてみよう。（話者の意志）

Sie wird am Wochenende nach Tokyo fahren.　彼女は週末に東京へ行くでしょう。（推量）

Du wirst jetzt ins Bett gehen!　　もう寝なさい！（命令）

7 形容詞の名詞的用法

形容詞は名詞を伴わずに用いられることがあります。男性形・女性形・複数形では「人」を、中性では「もの・こと」を表します。名詞化した形容詞は格変化します。

＊男性形では Mann、女性形では Frau、複数形では Leute、中性形では Ding があとに続くようなイメージです。

① 「人」を表すとき

	男性		女性		複数	
1格	ein Deutscher	der Deutsche	eine Deutsche	die Deutsche	Deutsche	die Deutschen
4格	einen Deutschen	den Deutschen	eine Deutsche	die Deutsche	Deutsche	die Deutschen

② 「もの・こと」を表すとき

中性形は、定冠詞または etwas や nichts などと組み合わせて etwas Neues（何か新しいこと）、nichts Neues（何も新しいことはない）などとすることが多く、複数の用法はありません。

	定冠詞	etwas	nichts
1格	das Neue	etwas Neues	nichts Neues
4格	das Neue	etwas Neues	nichts Neues

8 疑問代名詞の格変化

	誰？	何？
1格	wer	was
2格	wessen	(wessen)
3格	wem	
4格	wen	was

Wer wohnt hier? — ここには誰が住んでいますか？
Wessen Auto ist das? — これは誰の車ですか？
Wem schenkst du das Buch? — 君はこの本は誰にプレゼントするの？
Wen liebt sie? — 彼女は誰を愛しているの？

Was gefällt Ihnen? — 何がお気に入りですか？
Was kaufst du? — 君は何を買うの？

9 接続法 I 式

① 接続法 I 式の形：接続法 I 式は、不定詞の語幹 + e をもとに作ります。

不定詞		kommen	haben	werden	sein	
第 I 式基本形		komme	habe	werde	sei	sein は例外
ich	–	komme	habe	werde	sei	
du	–st	kommest	habest	werdest	sei(e)st	
er/es/sie	–	komme	habe	werde	sei	
wir	–n	kommen	haben	werden	seien	
ihr	–t	kommet	habet	werdet	seiet	
sie	–n	kommen	haben	werden	seien	
Sie	–n	kommen	haben	werden	seien	

② **接続法Ⅰ式の用法**

間接話法：ある人の発言を、引用符を入れてそのまま引用する（直接話法）のではなく、話し手の立場から言い直す話法を間接話法と言い、基本的に接続法Ⅰ式を用います。

直接話法　　Er sagte zu mir: „Ich habe heute keine Zeit."
「ぼくは今日時間がない」と彼は私に言った。

間接話法　　Er sagte mir, er habe heute keine Zeit.
彼は（自分は）今日時間がないと私に言った。

ただし接続法Ⅰ式が直説法と同形になってしまう場合（主語が ich, wir, sie (*pl.*) の場合など）、接続法だということを明示するために接続法Ⅱ式を用います。

Sie sagten mir, sie hätten heute keine Zeit.　彼らは（自分たちは）今日時間がないと私に言った。
　　　　　　　　　　　　（haben）

疑問文　　Er fragte sie: „Kennst du Frau Schneider?"

Er fragte sie, ob sie Frau Schneider kenne.
彼は、彼女がシュナイダー夫人を知っているかと尋ねた。

Er fragte sie: „Was machst du heute Abend?"

Er fragte sie, was sie heute Abend mache.　語順に注意！
彼は、彼女が今晩何をするかと（彼女に）尋ねた。

メールの表現

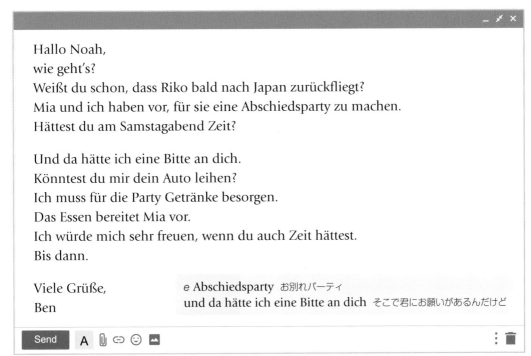

Hallo Noah,
wie geht's?
Weißt du schon, dass Riko bald nach Japan zurückfliegt?
Mia und ich haben vor, für sie eine Abschiedsparty zu machen.
Hättest du am Samstagabend Zeit?

Und da hätte ich eine Bitte an dich.
Könntest du mir dein Auto leihen?
Ich muss für die Party Getränke besorgen.
Das Essen bereitet Mia vor.
Ich würde mich sehr freuen, wenn du auch Zeit hättest.
Bis dann.

Viele Grüße,
Ben

e Abschiedsparty　お別れパーティ
und da hätte ich eine Bitte an dich　そこで君にお願いがあるんだけど

Send　A

Ich wäre dir sehr dankbar, wenn …　…ならとても助かる（感謝する）んだけど。

Ich würde mich freuen, wenn ...　…ならうれしいんですが。

Es wäre schön/sehr nett, wenn ...　…なら素晴らしい／とてもありがたいんだけど。

体の部位を表す語（*r* **Körper**）

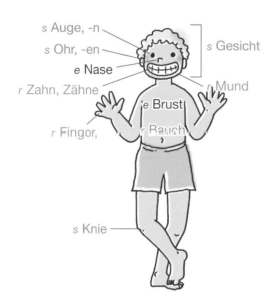

s Auge, -n
s Ohr, -en
e Nase
r Zahn, Zähne
s Gesicht
r Mund
e Brust
r Finger,
r Bauch
s Knie

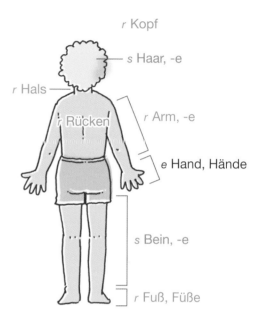

r Kopf
s Haar, -e
r Hals
r Arm, -e
r Rücken
e Hand, Hände
s Bein, -e
r Fuß, Füße

weh | tun （体の一部が）痛い

Mein Kopf / Bauch / Hals tut weh.　私の頭／腹／喉が痛い。

Seine Brust / Hand / Nase tut weh.　彼の胸／手／鼻が痛い。

Ihre Beine / Zähne / Füße tun weh.　彼女の脚／歯／足が痛い。

「～階」 *r* **Stock**

建物の「～階」という場合は、序数（参照 S.67）を用います。

日本の「1 階」はドイツ語では Erdgeschoss と言います。

3 階　zweiter Stock

2 階　erster Stock

1 階　Erdgeschoss

地階　Untergeschoss

Die Damenabteilung ist im ersten Stock.

婦人服売り場は 2 階にあります。

1 人称代名詞と規則変化動詞の人称変化

	人称代名詞		lernen	arbeiten	heißen
単数	ich	-e	lerne	arbeite	heiße
	du	-st	lernst	arbeitest	heißt
	er/es/sie	-t	lernt	arbeitet	heißt
複数	wir	-en/n	lernen	arbeiten	heißen
	ihr	-t	lernt	arbeitet	heißt
	sie	-en/n	lernen	arbeiten	heißen
敬称	Sie	-en/n	lernen	arbeiten	heißen

2 重要な動詞

sein

単数 (*sg.*)		複数 (*pl.*)	
ich	bin	wir	sind
du	bist	ihr	seid
er	ist	sie	sind
Sie sind			

haben

単数 (*sg.*)		複数 (*pl.*)	
ich	habe	wir	haben
du	hast	ihr	habt
er	hat	sie	haben
Sie haben			

werden

単数 (*sg.*)		複数 (*pl.*)	
ich	werde	wir	werden
du	wirst	ihr	werdet
er	wird	sie	werden
Sie werden			

3 不規則変化動詞の人称変化

	a → ä	e → i（短音）	e → ie（長音）	特殊な変化	
	fahren	sprechen	sehen	nehmen	wissen
ich	fahre	spreche	sehe	nehme	weiß
du	fährst	sprichst	siehst	nimmst	weißt
er	fährt	spricht	sieht	nimmt	weiß

4 話法の助動詞

	dürfen してもよい	können できる	müssen ねばならない	sollen すべきだ	mögen だろう	wollen しようと思う	möchte* したい
ich	darf	kann	muss	soll	mag	will	möchte
du	darfst	kannst	musst	sollst	magst	willst	möchtest
er	darf	kann	muss	soll	mag	will	möchte
wir	dürfen	können	müssen	sollen	mögen	wollen	möchten
ihr	dürft	könnt	müsst	sollt	mögt	wollt	möchtet
sie	dürfen	können	müssen	sollen	mögen	wollen	möchten
Sie	dürfen	können	müssen	sollen	mögen	wollen	möchten

5 定冠詞

	男性		中性		女性		複数	
1格	der	Mann	das	Kind	die	Frau	die	Kinder
2格	des	Mann[e]s	des	Kind[e]s	der	Frau	der	Kinder
3格	dem	Mann	dem	Kind	der	Frau	den	Kindern
4格	den	Mann	das	Kind	die	Frau	die	Kinder

6 定冠詞類　dieser, welcher, jeder, aller, solcher, jener, mancher

	男性		中性		女性		複数	
1格	dieser	Rock	dieses	Hemd	diese	Bluse	diese	Schuhe
2格	dieses	Rock[e]s	dieses	Hemd[e]s	dieser	Bluse	dieser	Schuhe
3格	diesem	Rock	diesem	Hemd	dieser	Bluse	diesen	Schuhen
4格	diesen	Rock	dieses	Hemd	diese	Bluse	diese	Schuhe

7 不定冠詞

	男性		中性		女性		複数	
1格	ein	Vaters	ein	Kind	eine	Mutter	—	Kinder
2格	eines	Vaters	eines	Kind[e]s	einer	Mutter	—	Kinder
3格	einem	Vater	einem	Kind	einer	Mutter	—	Kindern
4格	einen	Vater	ein	Kind	eine	Mutter	—	Kinder

8 不定冠詞類　mein, dein, sein, sein, ihr, unser, euer, ihr, Ihr

	男性		中性		女性		複数	
1格	mein	Vater	mein	Kind	meine	Mutter	meine	Kinder
2格	meines	Vaters	meines	Kind[e]s	meiner	Mutter	meiner	Kinder
3格	meinem	Vater	meinem	Kind	meiner	Mutter	meinen	Kindern
4格	meinen	Vater	mein	Kind	meine	Mutter	meine	Kinder

9 否定冠詞

	男性		中性		女性		複数	
1格	kein	Bleistift	kein	Heft	keine	Schere	keine	Hefte
2格	keines	Bleistift[e]s	keines	Heft[e]s	keiner	Schere	keiner	Hefte
3格	keinem	Bleistift	keinem	Heft	keiner	Schere	keinen	Heften
4格	keinen	Bleistift	kein	Heft	keine	Schere	keine	Heft

10 人称代名詞の3・4格

	単数					複数			
	1人称	2人称	3人称			1人称	2人称	3人称	2人称敬称
1格	ich	du	er	es	sie	wir	ihr	sie	Sie
3格	mir	dir	ihm	ihm	ihr	uns	euch	ihnen	Ihnen
4格	mich	dich	ihn	es	sie	uns	euch	sie	Sie

11　名詞の複数形

無語尾型 – / ¨	E 型 –e / ¨e	ER 型 –er / ¨er	(E) N 型 –(e) n	S 型 –s
Onkel / Onkel	Jahr / Jahre	Kind / Kinder	Brille / Brillen	Auto / Autos
Bruder / Brüder	Baum / Bäume	Buch / Bücher	Uhr / Uhren	

12　前置詞

①　2 格支配の前置詞

statt ～の代わりに　　trotz ～にもかかわらず　　während ～の間　　wegen ～のために（理由）

②　3 格支配の前置詞

aus ～の中から（外）へ、～出身の　　bei ～のもとで、～のときに　　mit ～と共に、～を用いて（手段）

nach（中性名詞の地名・国名）のほうへ、（時間的に）～の後で　　seit ～以来

von（空間的 / 時間的な起点）～から、（所属）～の、～について　　zu（人・建物・催しなど）～へ

③　4 格支配の前置詞

durch ～を通って、～によって　　für ～のために　　gegen ～に対（反対）して、～に向かって

ohne ～なしで　　um ～のまわりに、（正確な時間）～時に　　bis（空間的・時間的）～まで

④　3・4 格支配の前置詞

an ～のきわに／へ	auf ～の上に／へ	hinter ～の後ろに／へ	in ～の中に／へ	neben ～の横に／へ
vor ～の前に／へ	über ～の上方に／へ	unter ～の下に／へ	zwischen ～の間に／へ	

13　動詞の 3 基本形

	不定詞	過去基本形	過去分詞
規則変化	spielen	spielte	gespielt
強変化	gehen	ging	gegangen
混合変化	denken	dachte	gedacht

	不定詞	過去基本形	過去分詞
	sein	war	gewesen
	haben	hatte	gehabt
	werden	wurde	geworden

14　過去人称変化

不定詞 過去基本形		lernen lernte	sein war	haben hatte	können konnte
ich	–	lernte	war	hatte	konnte
du	–st	lerntest	warst	hattest	konntest
er	–	lernte	war	hatte	konnte
wir	–en/n	lernten	waren	hatten	konnten
ihr	–t	lerntet	wart	hattet	konntet
sie / Sie	–en/n	lernten	waren	hatten	konnten

15 再帰代名詞

	単数				複数			
	1人称	2人称	3人称		1人称	2人称	3人称	2人称敬称
1格	ich	du	er es sie		wir	ihr	sie	Sie
3格	mir	dir	sich		uns	euch	sich	
4格	mich	dich			uns	euch		

16 形容詞

① 定冠詞類 + 形容詞■ + 名詞

	男性	中性	女性	複数
1格	–e	–e	–e	–en
2格	–en	–en	–en	–en
3格	–en	–en	–en	–en
4格	–en	–e	–e	–en

② 不定冠詞類 + 形容詞■ + 名詞

	男性	中性	女性	複数
1格	–er	–es	–e	–en
2格	–en	–en	–en	–en
3格	–en	–en	–en	–en
4格	–en	–es	–e	–en

③ 形容詞■ + 名詞

	男性	中性	女性	複数
1格	–er	–es	–e	–e
2格	–en	–en	–er	–er
3格	–em	–em	–er	–en
4格	–en	–es	–e	–e

17 代名詞

① 関係代名詞・指示代名詞

	男性	中性	女性	複数
1格	der	das	die	die
2格	dessen	dessen	deren	deren
3格	dem	dem	der	denen
4格	den	das	die	die

② 不定関係代名詞

	人	物・事
1格	wer	was
2格	wessen	
3格	wem	
4格	wen	was

18 接続法II式

第II式基本形		kaufte	ginge	hätte	würde	wäre
ich	–	kaufte	ginge	hätte	würde	wäre
du	–st	kauftest	gingest	hättest	würdest	wär[e]st
er/es/sie	–	kaufte	ginge	hätte	würde	wäre
wir	–n	kauften	gingen	hätten	würden	wären
ihr	–t	kauftet	ginget	hättet	würdet	wäret
sie	–n	kauften	gingen	hätten	würden	wären
Sie	–n	kauften	gingen	hätten	würden	wären

19 接続法I式

第I式基本形		kaufe	komme	habe	werde	sei
ich	–	kaufe	komme	habe	werde	sei
du	–st	kaufest	kommest	habest	werdest	sei(e)st
er	–	kaufe	komme	habe	werde	sei
wir	–n	kaufen	kommen	haben	werden	seien
ihr	–t	kaufet	kommet	habet	werdet	seiet
sie	–n	kaufen	kommen	haben	werden	seien
Sie	–n	kaufen	kommen	haben	werden	seien

主要不規則動詞変化一覧表

不定詞	直説法 現在	直説法 過去	接続法第2式	過去分詞
beginnen はじめる		**begann**	begänne (begönne)	**begonnen**
bieten 提供する		**bot**	böte	**geboten**
binden 結ぶ		**band**	bände	**gebunden**
bitten たのむ		**bat**	bäte	**gebeten**
bleiben (s.) とどまる		**blieb**	bliebe	**geblieben**
brechen やぶる	*du* brichst *er* bricht	**brach**	bräche	**gebrochen**
bringen 運ぶ		**brachte**	brächte	**gebracht**
denken 考える		**dachte**	dächte	**gedacht**
dürfen …してもよい	*ich* darf *du* darfst *er* darf	**durfte**	dürfte	**dürfen** 〈**gedurft**〉
empfehlen 勧める	*du* empfiehlst *er* empfiehlt	**empfahl**	empföhle (empfähle)	**empfohlen**
entscheiden 決定する		**entschied**	entschiede	**entschieden**
essen たべる	*du* isst *er* isst	**aß**	äße	**gegessen**
fahren (s.) 乗り物で行く	*du* fährst *er* fährt	**fuhr**	führe	**gefahren**
fallen (s.) 落ちる	*du* fällst *er* fällt	**fiel**	fiele	**gefallen**
fangen 捕える	*du* fängst *er* fängt	**fing**	finge	**gefangen**
finden 見つける		**fand**	fände	**gefunden**
fliegen (s.) 飛ぶ		**flog**	flöge	**geflogen**
geben 与える	*du* gibst *er* gibt	**gab**	gäbe	**gegeben**
gehen (s.) 行く		**ging**	ginge	**gegangen**
gelingen うまくいく	*es* gelingt	**gelang**	gelänge	**gelungen**

不定詞	直説法 現在	直説法 過去	接続法 第2式	過去分詞
geschehen (s.) 起こる	*er* geschieht	**geschah**	geschähe	**geschehen**
gewinnen 勝つ		**gewann**	gewänne (gewönne)	**gewonnen**
greifen つかむ		**griff**	griffe	**gegriffen**
haben もっている	*du* hast *er* hat	**hatte**	hätte	**gehabt**
halten つかんでいる	*du* hältst *er* hält	**hielt**	hielte	**gehalten**
hängen 掛かっている		**hing**	hinge	**gehangen**
heben 持ち上げる		**hob**	höbe (hübe)	**gehoben**
heißen (…という) 名である	*du* heißt *er* heißt	**hieß**	hieße	**geheißen**
helfen 助ける	*du* hilfst *er* hilft	**half**	hülfe (hälfe)	**geholfen**
kennen 知る		**kannte**	kennte	**gekannt**
kommen (s.) 来る		**kam**	käme	**gekommen**
können …できる	*ich* kann *du* kannst *er* kann	**konnte**	könnte	**können** 〈gekonnt〉
laden 積む	*du* lädst (ladest) *er* lädt (ladet)	**lud**	lüde	**geladen**
lassen させる	*du* lässt *er* lässt	**ließ**	ließe	**gelassen** 〈lassen〉
laufen (s.) 走る	*du* läufst *er* läuft	**lief**	liefe	**gelaufen**
lesen 読む	*du* liest *er* liest	**las**	läse	**gelesen**
liegen 横たわっている		**lag**	läge	**gelegen**
lügen うそをつく		**log**	löge	**gelogen**
mögen …かもしれない	*ich* mag *du* magst *er* mag	**mochte**	möchte	**mögen** 〈gemocht〉
müssen …しなければならない	*ich* muss *du* musst *er* muss	**musste**	müsste	**müssen** 〈gemusst〉

不定詞	直説法 現在	直説法 過去	接続法 第2式	過去分詞
nehmen 取る	*du* nimmst *er* nimmt	**nahm**	nähme	**genommen**
nennen 名づける		**nannte**	nennte	**genannt**
raten 助言する	*du* rätst *er* rät	**riet**	riete	**geraten**
rufen 呼ぶ		**rief**	riefe	**gerufen**
scheinen 輝く		**schien**	schiene	**geschienen**
schlafen 眠る	*du* schläfst *er* schläft	**schlief**	schliefe	**geschlafen**
schlagen 打つ	*du* schlägst *er* schlägt	**schlug**	schlüge	**geschlagen**
schließen 閉じる	*du* schließt *er* schließt	**schloss**	schlösse	**geschlossen**
schneiden 切る		**schnitt**	schnitte	**geschnitten**
schreiben 書く		**schrieb**	schriebe	**geschrieben**
schreien 叫ぶ		**schrie**	schriee	**geschrien**
schweigen 黙っている		**schwieg**	schwiege	**geschwiegen**
schwimmen 泳ぐ		**schwamm**	schwömme (schwämme)	**geschwommen**
sehen 見る	*du* siehst *er* sieht	**sah**	sähe	**gesehen**
sein (*s.*) ある、いる	*ich* bin *du* bist *er* ist *wir* sind *ihr* seid *sie* sind	**war**	wäre	**gewesen**
singen 歌う		**sang**	sänge	**gesungen**
sitzen すわっている	*du* sitzt *er* sitzt	**saß**	säße	**gesessen**
sollen …すべきである	*ich* soll *du* sollst *er* soll	**sollte**	sollte	**sollen** 〈**gesollt**〉
sprechen 話す	*du* sprichst *er* spricht	**sprach**	spräche	**gesprochen**

不定詞	直説法		接続法第2式	過去分詞
	現在	過去		
springen (s.) 跳ぶ		**sprang**	spränge	**gesprungen**
stehen 立っている		**stand**	stünde (stände)	**gestanden**
stehlen 盗む	*du* stiehlst *er* stiehlt	**stahl**	stähle	**gestohlen**
steigen (s.) のぼる		**stieg**	stiege	**gestiegen**
sterben (s.) 死ぬ	*du* stirbst *er* stirbt	**starb**	stürbe	**gestorben**
streiten 争う		**stritt**	stritte	**gestritten**
tragen 運ぶ	*du* trägst *er* trägt	**trug**	truge	**getragen**
treffen 会う	*du* triffst *er* trifft	**traf**	träfe	**getroffen**
treten 歩む	*du* trittst *er* tritt	**trat**	träte	**getreten**
trinken 飲む		**trank**	tränke	**getrunken**
tun する		**tat**	täte	**getan**
vergessen 忘れる	*du* vergisst *er* vergisst	**vergaß**	vergäße	**vergessen**
verlieren 失う		**verlor**	verlöre	**verloren**
wachsen (s.) 成長する	*du* wächst *er* wächst	**wuchs**	wüchse	**gewachsen**
waschen 洗う	*du* wäschst *er* wäscht	**wusch**	wüsche	**gewaschen**
werden (s.) なる	*du* wirst *er* wird	**wurde**	würde	**geworden** 〈**worden**〉
werfen 投げる	*du* wirfst *er* wirft	**warf**	würfe	**geworfen**
wissen 知っている	*ich* weiß *du* weißt *er* weiß	**wusste**	wüsste	**gewusst**
wollen …するつもりだ	*ich* will *du* willst *er* will	**wollte**	wollte	**wollen** 〈**gewollt**〉
ziehen 引く		**zog**	zöge	**gezogen**

著　者

今井田　亜弓　（いまいだ　あゆみ）

前田　　織絵　（まえだ　おりえ）

シュリット・フュア・シュリット［三訂版］
たくさん練習して学ぶドイツ語

2021年2月20日　第1版発行
2024年2月10日　第9版発行

著　者—— 今井田亜弓
　　　　　前田織絵
発行者—— 前田俊秀
発行所—— 株式会社　三修社

〒 150-0001
東京都渋谷区神宮前 2-2-22
TEL 03-3405-4511 / FAX 03-3405-4522
振替 00190-9-72758
https://www.sanshusha.co.jp
編集担当　永尾真理
印刷所—— 壮光舎印刷株式会社

© 2021 Schritt für Schritt Printed in Japan
ISBN978-4-384-12306-7 C1084

DTP —— XYLO
表紙デザイン —— 小熊未央
イラスト —— 佐藤睦美